die invasion der träume

Bibliografische Information der Deutschen Nationalbibliothek:
Die Deutsche Nationalbibliothek verzeichnet diese Publikation
in der Deutschen Nationalbibliografie; detaillierte bibliografische
Daten sind im Internet über http://dnb.d-nb.de abrufbar.

Jörg Dauscher (Jg. 1975) wuchs im fränkischen Weißenburg auf.
Er lebt und arbeitet seit Mitte der neunziger Jahre in Berlin.

Als Taschenbücher liegen außerdem vor:
Nach Albanien. Bericht einer Reise (2. Auflage 2009)
Der Sommer in K. Erzählung aus einem russischen Dorf (2009)

jörg dauscher

die invasion der träume

versuch über berlin

Mit Dank für Lektüre, Hinweise und Anregungen an:
David Horst
Lektorat: Dr. Jörg Kuglin
Schlusskorrektur: Silja End
Layout, Satz und Covergestaltung: Mia Sedding

Herstellung und Verlag: Books on Demand GmbH, Norderstedt
ISBN: 978-3-8448-1162-9

www.ideenhandlung.de

Inhalt

*Ihr Berliner könnt gar nicht wissen, wie sehr mein
Herz für diese Stadt schlägt. Denn einem Menschen
vom Lande glaubt ihr ja nicht.*
(Helmut Kohl, deutscher Politiker)

*Komm, wir halten es mit den Tauben und scheißen
auf die Stadt.*
(Heiner Müller, deutscher Dramatiker)

... bald würde ich mich an das Vorhaben machen, meine
Stadt zu beschreiben, ich würde mir Listen erstellen, Pläne
zeichnen und Notizen machen; ordnen würde ich, sich-
ten, anstreichen und aufschreiben sowie altes Kartenma-
terial studieren; nach verborgenen Verbindungen würde
ich suchen, nach Geheimgängen durch die Jahrzehnte und
Hinweisen auf die Zukunft – ich würde schreibend große
Bögen spannen oder Brücken bauen, haushoch würde ich
die Fakten stapeln, die Hinterhöfe zöge ich den Gemein-
plätzen vor, die Details kämen zu ihrem Recht; planvoll
würde ich vorgehen, jedes Stück der Stadt an seinen Platz
setzen, so dass aus den einzelnen Elementen das gesamte
steinerne Gefüge neu entstünde: Zeile um Zeile würde
mein neues Berlin Gestalt annehmen. Dann aber müsste
ich innehalten, einen Stapel Papiere zögernd anheben und
mich fragen, ob so etwas Großes und Vielschichtiges wie
diese Stadt nicht besser sich selbst überlassen bliebe. Ich
dächte nach und würde beschließen, mich weniger den
Formen und Fakten zu widmen und mich stattdessen auf
die Erfahrung berufen, um von dort aus Kreise in die Stadt
zu ziehen. Dabei würde ich kein besonderes Ziel verfolgen,
aber diese Haltung wäre typisch für das Leben in meiner
Stadt. Vermutlich käme ich über bestimmte Bereiche gar

nicht hinaus und bliebe auf den Ausschnitt meiner eigenen Sichtweise beschränkt. Am Brandenburger Tor war ich zuletzt vor vielleicht fünf Jahren, den Potsdamer Platz habe ich noch länger nicht mehr aus der Nähe gesehen. Über Köpenick, Spandau oder den Wedding wüsste ich nichts zu berichten, der Prenzlauer Berg bliebe unbekanntes Terrain. Nur einen kleinen Ausschnitt würde ich beleuchten, nur einen winzigen Teil dieser großen Stadt …

Der Mittelpunkt von Berlin

Weil der Zufall und die Zeit es so gewollt hatten, war ich
Mitte der neunziger Jahre in Berlin gelandet. Als ich nach
Berlin kam, hielten die Fernverkehrszüge am Zoo und
der Osten war grau. Es gab keine Pfandflaschensammler
und niemand suchte im Müll nach Verwertbarem. Zunächst hatte ich häufiger die Wohnungen als die Schuhe
gewechselt, war von einem Kiez in den nächsten gezogen, bis es mich nach Kreuzberg verschlug. Dort blieb
ich hängen, dort richtete ich mich ein.
Mein anfängliches Interesse an der Gesamtheit der Stadt
erlosch, die Reise durch die Bezirke hatte schnell ein
Ende gefunden. Abendliche Ausflüge in weit entlegene
Stadtteile erschienen mir zunehmend sinnlos, alles, wozu
ich den Nachtbus hätte nehmen müssen, lag mir fern.
Eine geraume Zeit lang habe ich Kreuzberg nicht einmal verlassen. Ich muss zwischen Bergmann- und Oranienstraße hin- und hergependelt sein, ich muss auf
einer Linie gelebt haben, in deren Mitte meine Wohnung
lag. Die großen Pläne und die weiten Wege überließ ich
den anderen. Entweder hatte ich mich aus der Fläche

der Stadt zurückgenommen, um durch einen kleineren Aktionsradius so etwas wie Heimat zurückzugewinnen. Oder mein Ausschnitt der Stadt bot so viel, dass es weiterer Eindrücke gar nicht bedurfte. Eine dritte Erklärung gibt es nicht.

Ich musste in der hektischen Zeit meines Umzugs am Telefon gesagt haben, dass es in der Gitschiner Straße, in die ich zog, ein wenig aussehe wie in Moskau. Wahrscheinlich war das Telefonat kurz und die Verbindung schlecht. Anders ist das Gerücht nicht zu erklären, das mir anschließend zu Ohren kam. Man erzählte sich, ich wäre zu einer Gina gezogen. Nach Moskau.

Die Gitschiner Straße war selbst denjenigen meiner Freunde, die in Kreuzberg wohnten, völlig unbekannt, obwohl sie eine der wichtigsten Verkehrsadern des Bezirkes ist. Dies lag daran, dass die Skalitzer Straße kurz vor der Prinzenstraße unvermittelt ihren Namen aufgibt: Auf dem kurzen Stück zwischen Prinzenstraße und Halleschem Tor heißt die Skalitzer auf einmal Gitschiner. Und die Stadt, deren Namen die Straße trägt und die auch keiner kennt, heißt eigentlich Jičin und liegt im Böhmischen. Fast die Hälfte der Straßen Kreuzbergs ist nach Städten benannt, deren geographische Lage in Vergessenheit geraten ist: Skalitz, Liegnitz, Ratibor, Glogau, Reichenberg, Oppeln, Schwiebus. Jeden Tag las ich die Schilder und führte die Namen im Mund, ich lebte mit dem Echo jenes Einzugsgebietes, jenes gewaltigen Hinterlandes, das einst bis hinauf zur kurischen Nehrung und zur Stadt Tilsit gereicht hatte sowie hinunter bis zu den Ausläufern der Beskiden. Die andere Hälfte der Straßen, so schien mir, trug entweder den Namen eines Militärs oder einer zivilen Größe der versunkenen preußischen Gesellschaft: Yorck- und Gneisenaustraße, Chamissoplatz, Arndt- und Kloedenstraße.

Die Gitschiner Straße ist keine Schönheit, sie liegt vereinsamt ohne Anschluss an ein Viertel: vorne das Prinzenbad und der Kanal, hinten die zerbombten Höfe, daneben die Neubauten. In der Luft der Gitschiner Straße hängen Kohlenstaub und Abgase. Das Stahlskelett der U-Bahntrasse steht in der Straßenmitte, darunter gibt es weit mehr Parkplätze als Autos, links und recht fließt beständig der Verkehr. Es gibt weder Cafés noch Plätze zum Verweilen.
Eine Zeitlang jedoch hatte es auf diesem Abschnitt sogar eine kleine Backstube gegeben. Zwei Georgier hatten ein Ladengeschäft übernommen, das lange leer gestanden hatte. Ein Kühlschrank für Getränke wurde angeschleppt, ein Ofen zum Aufbacken vorbereiteter Ware eingebaut, auf den Kaffeeautomat und das BZ-Schild folgte schon die Einweihung. Die Georgier waren anschließend weiter gezogen und hatten eine dickliche Landsmännin zurückgelassen, die mit ihrer Mutter unentwegt am Stehtisch stand, Kette rauchte und in Richtung Kaukasus blickte. Niemand kam. Es gab auch niemanden, der kommen

konnte. Laufkundschaft fiel aus, kein Fußgänger spazierte durch die Gitschiner, der Durchgangsverkehr fuhr durch, die Fahrradfahrer blickten nicht nach links und rechts und die U-Bahnausgänge waren viel zu weit entfernt. Der Laden überlebte nur wenige Monate. Die Fenster wurden wieder mit Zeitungspapier verklebt und die Tür erneut vernagelt.

In der Alexandrinenstraße ist in unmittelbarer Nachbarschaft zur Gitschiner Straße und meiner Wohnung eine halbschräge Granitplatte am Straßenrand angebracht, auf der zu lesen steht, dass sich dort der Mittelpunkt Berlins befinde. Ich forschte nach, wie er dort hingekommen war, an eine verlassene Straßenecke jenseits der Neuenburger, in die Nähe zahlreicher, hochstöckiger Sozialbauten, angezeigt von einer Granitplatte unter einem darbenden Großstadtgebüsch: der Mittelpunkt Berlins.

Der Mittelpunkt von Berlin, so stellte sich heraus, bezeichnet den flächenmäßigen Schwerpunkt der Stadt. Käme man also auf die Idee, Berlin entlang der Stadtgrenzen wie eine Laubsägearbeit aus der Erdoberfläche herauszuarbeiten, dann wäre der flächenmäßige Schwerpunkt jener Ort, an dem man Berlin auf dem Zeigefinger balancieren könnte. Beim Blick auf einen Stadtplan könnte man denken, meine Straße läge genau im Zentrum der Stadt, wäre von ihr umschlossen und von städtischem Leben umbrandet. Aber Berlins Ränder liegen im Inneren der Stadt und die Gründerzeitbauten der Gitschiner schieben sich in zerbombtes Gebiet. Jenseits der Häuserzeile waren Hochhäuser errichtet und Supermärkte gepflanzt worden, dort residierten die Autohändler: eine Vorstadt inmitten der Stadt, ein Viertel, welches vierzig Jahre lang mit dem Rücken zur Mauer gelebt hatte. Schon die Häuserzeilen jenseits der Oranienstraße hatten einst in einem anderen Land gestanden, die DDR hatte jahrzehntelang in Rufweite gelegen.

Die wenigen Mietshäuser der Gitschiner Straße, welche die Bombenangriffe überstanden hatten, waren vor dem Krieg Arbeiterbehausungen gewesen. Sie haben kleine, bescheidene Wohnungen, niedrigere Decken und sind aus schlechteren Materialien als die bürgerlichen Häuser. Die Wände sind dünner geraten, Balkons fehlen gänzlich, die metallenen Fensterbänke fallen schräg ab, Blumenkästen hatten die Baumeister nicht vorgesehen. Mir war eine Lösung eingefallen: Ich hatte eine französische Weinkiste genommen und unter ihrem Boden eine Latte angebracht, so dass sie waagrecht auf dem Bleibeschlag aufsaß. Sie war gegen Wind und Wetter gesichert, indem ich die Fensterhaken zweckentfremdet, sie in das dünne Holz gebohrt und mit dem Fensterrahmen verbunden hatte. Aber die Tomatenpflanzen, die dort einen Sommer lang gewuchert und alles Blei des Verkehrs aufgesogen hatten, waren längst nur noch dürres, bleiches Gestrüpp.

In meiner Wohnung hoch über dem Verlauf der Gitschiner Straße blieb es vergleichsweise ruhig und die Stadt lag auf Augenhöhe. In den Fenstern des vorderen Zimmers war Weite, es ging nach Süden und gegenüber fehlten die Häuser, so dass die Sonne, sobald sie ausnahmsweise nicht von hohen Wolken verborgen blieb, stundenlang in die Wohnung scheinen konnte: ein großes, ein seltenes Glück. Der Blick fiel durch die Bäume des Prinzenbads über die Wiese bis hinüber zum Kanal und zu den Fassaden auf der anderen Uferseite. Unter mir, in der Straßenmitte genau auf Höhe des ersten Stockwerks, stand die stählerne Trasse der Linie 1, welche auf dem gesamten Kreuzberger Abschnitt oberirdisch verläuft.

Mit dem Ofen, den grob verputzten Wänden, den schiefen alten Dielen und den schrägen Türbalken hatte meine Wohnung etwas ländlich-rustikales. Sie war klein, kaum vierzig Quadratmeter, und von eigenwilligem Schnitt, so dass die winzige Küche und ein halbes Zimmer, in dem ich schlief, nach hinten hinausgingen, zum Hof. Der letzte Krieg hatte nicht nur das Quergebäude hinweggerafft, sondern den angrenzenden Stadtteil gleich mit. Kilometerweit konnte der Blick schweifen: über Bäume, Strauchwerk und flache Häuser der fünfziger und sechziger Jahre hinweg. Nirgendwo blieben die Augen hängen, sie angelten sich über die flächigen, horizontalen Versatzstücke hinweg, an den Querlinien der Dächer und Fassadenverläufe entlang, vorbei an den Schraffuren der kahlen Sträucher und Bäume. Das Fenster ging nach

Norden, der Blick aber nach Osten, denn irgendwo dort draußen, in ein, zwei Kilometern Luftlinie, verlief einst die Grenze (eine Grenze nicht nur zwischen zwei Staaten, sondern zwischen zwei Hemisphären). In der Ferne erst, auf der Linie des Horizonts, blieb der Blick ruhen und fing Fernsehturm und Forumhotel ein.

Von imposanter Massivität war der Wohnblock, der sich von rechts in den Fensterrahmen schob. Zwischen die bescheidenen Wohnzeilen des Aufbauprogramms West, zwischen die niedrigen Nachkriegsbehausungen hatte man in den Siebzigern einen Kontrapunkt aus Beton gesetzt. Wie ein grauer Felsen überragte er seine Umgebung und schob sich in einiger Entfernung als einziges Gebäude vor den Horizont. Was tagsüber ein einfallsloser, einsamer Monolith zu sein schien, entwickelte am Abend ein Eigenleben von seltsamem Zauber. Denn dann gingen nach und nach die verschiedenen Lichter hinter den Vorhängen an, aus den hohlen Augen wurden bunt leuchtende Vierecke. Die Fernseher wurden eingeschaltet und auf den verschiedenen Etagen begann es zu flimmern und zu flackern. Der Wohnblock war mein Dämon. Häufig sah ich ihm dabei zu, wie er seine zuckenden, vibrierenden Botschaften in die Nächte hinaus funkte.

Ein kleiner viereckiger Allesbrenner stand schräg in der Zimmerecke und versorgte die gesamte Wohnung während fünf oder sechs Monaten des Jahres mit Wärme. Wo immer ich gewohnt hatte, in jeder meiner Wohnungen, hatte einer dieser Öfen gestanden. Ich hatte einen Hang zum Altbau, zum vierten Stock und zur Kohlenheizung. Während der langen Jahre mit Kohlenofen gab es jedoch keinen einzigen Winter, für den ich vorgesorgt und Kohlen eingelagert hätte. Dies lag mir aus irgendwelchen Gründen fern, vielleicht weil ich mich nicht in die Unvermeidlichkeit eines kalten, finsteren Halbjahres fügen wollte. Wahrscheinlich waren auch nie die zwei-, dreihundert Mark übrig, mit denen ich mir eine halbe Lastwagenladung hätte liefern lassen können. Denn das Geld war immer knapp. Dies lag nicht daran, dass ich keines gehabt hätte, sondern daran, dass ich es immerzu schon ausgegeben hatte, wenn ich es brauchte.

Sobald am Ende des Monats kein Geld mehr übrig war, ging ich zunächst sämtliche Hosen- und Jackentaschen durch. Meist wurde ich fündig und hielt einen Schein in der Hand, den ich Wochen zuvor eingesteckt und dann vergessen hatte. Manchmal fanden sich nur ein, zwei Geldstücke, aber auch die gewannen gegen Monatsende an Wert. Nachdem auch die Pfandflaschen weggebracht, das herumliegende Kleingeld eingesammelt und die Vorräte an Lebensmitteln begutachtet waren, galt es strategische Entscheidungen zu treffen. Wollte ich das restliche Geld für gesellschaftliche Aktivitäten einsetzen? Für Kino oder Kneipe? Reichten die Lebensmittel bis zum nächsten Kontoeingang? Sollte ich lieber in Bier investieren und zuhause bleiben? Ich entschied mich für das Bier, denn das Geld würde für eine ganze Kiste Sternburg ausreichen und mit dem Kastenpfand war gewissermaßen schon für das kommende Monatsende vorgesorgt. Kein Geld auszugeben, sobald keines mehr da war, war ebenso einfach, wie es auszugeben, wenn es da war. Die Schwierigkeit lag dazwischen, die Schwierigkeit war, weniger Geld auszugeben als ich einnahm.

Weil also kein oder nicht genügend Geld da war, blendete ich die Notwendigkeit des Kohlenkaufs aus, ich blendete sie so lange aus, bis es schon lange nicht mehr Herbst und die Kälte bereits bis in den vierten Stock vorgedrungen war. Es gab keine Isolierung und auch die Fenster waren alt, so dass die Wohnung auskühlte und es zunehmend Mühe kostete, aufzustehen. Häufig blieb ich daher liegen, verharrte zunächst in der Wärmekammer meines Federbetts und erfühlte von dort die klamme, unwirtliche Umgebung – so lange, bis es unwiderruflich die Zeit kam, mich ihr zu stellen, denn längst waren die Bäume kahl geworden. Ich sah mich gezwungen, die Decken zurückzuschlagen, um aufzustehen und Kohlen kaufen zu gehen.

In Kreuzberg gab es an den Tankstellen und den Supermärkten 10 kg-Pakete Brikettkohle, mit denen man ein, zwei Tage lang auskam. Einen richtigen Kohlenhandel gab es in der Nostitzstraße im Souterrain sowie in der Fürbringer. Dort konnte man sich mit Eierkohlen, 25 kg-Stapeln Brikettkohle aus der Lausitz oder säckeweise Holzscheiten eindecken. Es gab nicht wenige Häuser mit Kohlenöfen in meiner Gegend. Ich konnte die Öfen riechen, wenn ich durch die Straßen ging, es war ein schaler und gleichzeitig würziger Geruch. Er hing in der Luft wie eine Schwarz-Weiß-Fotografie.

Aber nicht nur die Kosten sprachen gegen den Kohlenkauf, auch der Geruch in der Wohnung sowie der feine beigefarbene Staub, zu dem die Kohle zerfiel. Dieser nistetete sich in den Dielenfugen ein und ganz bestimmt auch in den Lungenflügeln. Wann immer ich die Möglichkeit hatte, mit Holz zu heizen, nahm ich sie wahr. Meist sammelte ich Holzreste, die ich auf der Straße fand. Mal waren es einzelne Bretter, mal eine zertrümmerte Palette – immer fand sich etwas wenn man nur die Augen aufhielt. Deshalb führte ich stets eine Tasche mit mir, in der ich nötigenfalls die Fundsachen transportieren konnte. Sobald ich auf eine ansehnliche Menge stieß, die für ein ordentliches Feuer reichen würde, war die Vorfreude groß. Ich schürte an, ließ die Ofentüren auf, schaute den Flammen zu und freute mich über das Knacken und den Holzgeruch.

Eines Tages, kurz bevor der Winter mit aller Schärfe einsetzte, stieß ich in der Solmsstraße zufällig auf eine Baustelle. Das gesamte Gebälk eines Gründerzeithauses wurde erneuert, der Dachstuhl war abgetragen und die Balken in meterlange Stücke zerlegt worden. Missachtet landeten sie in einem Container, ganz so als handelte es sich um Müll. An den drei darauffolgenden Tagen lief ich mehr als ein dutzend Mal hin- und her, um Balken für Balken allerbestes Brennholz in meine Wohnung zu schaffen. Dort zersägte ich es in ofengerechte Stücke und schichtete diese meterhoch an die Wand. Am vierten Tag, als ich noch einmal zur Baustelle zurückkehrte, stand der Container nicht mehr dort. Ich ging mit leeren Händen nach Hause, besah dort den aufgeschichteten Stapel und war hochzufrieden: Bis in den Februar hinein würde ich mich an den Flammen des dunklen Gründerzeitholzes wärmen können, an jedem einzelnen Tag.

Keiner, der nicht wenigstens ein Winterhalbjahr in Berlin verbracht hat, darf behaupten, die Stadt zu kennen. Berlin wird im Winter zu einem versteinerten Königreich, auf dem von alters her ein Fluch liegt. Die Menschen auf der Straße reden kaum, in der U-Bahn lacht niemand, keiner spricht die anderen an. Die meisten Wintertage liegen unter Wolken, laufen unter einer gleichmäßigen, reglosen Schicht ab, die weit oben festsitzt und wirkt wie ein lustloser, ungenauer Voranstrich. In dieser Wolkendecke spiegelt sich die Stadt: tagsüber in einem schmutzigen Grauton, nachts in einem seltsam matten Orange.
Dieses Wechselspiel kann sich wochenlang hinziehen. Es kann Wochen dauern, bis sich das milchige nächtliche Orange zerstäubt und den Blick in die Nacht und auf eine Handvoll Sterne preisgibt. Es kann Wochen dauern, bis morgens das diffuse, gedämpfte, fein verteilte Tageslicht von ein paar Sonnenstrahlen durchbrochen und die graue Decke in einzelne Wolkenbänder zerteilt wird.

Über den Berliner Winter wird oft und zu Recht geschimpft: Er sei zu grau, zu nass, zu kalt und vor allem zu lang. Ich glaube jedoch nicht, dass der Winter zu lang ist, ich glaube vielmehr, dass es sich um verschiedene Winter handelt, die sich gegenseitig ablösen, sobald einer Anzeichen von Schwäche zeigt. Ich glaube, dass es sieben Winter gibt in Berlin.

Der erste Winter senkt sich schon im Oktober grau über die Häuser, der zweite bleibt anschließend nass und bleiern in den Straßen liegen, der dritte bringt erst Schnee und dann Matsch, der vierte lässt die sibirischen Winde los und sorgt für vereiste Gehwege, der fünfte ist ein kurzer klarer Hoffnungsschimmer, den der zähe sechste Winter schnell zunichte macht. Der siebte und letzte Winter ist der Nachzügler, der erst dann niederfährt, wenn man schon nicht mehr damit rechnet. So war das in jedem einzelnen Jahr: Siebenmal im Verlauf der längsten Jahreszeit packte der Winter zu.

Sobald es im März um ein weniges wärmer geworden war, wenn man schon dachte, er ließe los, er müsse jetzt doch loslassen, dann wurde sein Griff noch einmal fester, dann kam der Winter noch ein letztes Mal zurück, ein letztes, grausames, siebtes Mal: Noch einmal wälzte sich graues Licht über die Steilwände der Straßen, noch einmal kamen die Tage alt zur Welt, noch einmal blieben die Gesichter Privatsache, noch einmal war Trauerkleidung Pflicht. Regelmäßig wusste ich dann nicht mehr, was ich hier machte, regelmäßig gab ich im Geiste die Stadt auf und ging nach Süden. Ich haderte mit Umständen, die nicht zu ändern waren, und wollte den Bannkreis verlassen, aber jedesmal blieb ich. Und immer kam schließlich der Frühling und hob den Fluch auf.

Der Frühling ist in Berlin von größerer Kraft als andernorts. Frühling in Berlin, das ist eine friedliche Revolution, eine Umwälzung der bestehenden Verhältnisse. In jedem Jahr gibt es genau einen Tag, der alles klar macht, der die große Veränderung unwiderruflich belegt. Unvermittelt steht morgens der Himmel in heller, blauer Weite, die Luft ist über Nacht sanft geworden, der Tag gütig, man macht das Fenster auf, man geht aus, man will riechen, schauen und staunen. Das Licht ist wieder da, die Luft zieht durch die Straßen. In den Rinnsteinen blühen die ersten Gräser und Leben regt sich in allen Klimazonen der Stadt: in den engen, schattigen Hinterhöfen, in den Oasen der Baulücken, im Savannenland der Brachflächen, in den Parkanlagen und Friedhöfen, entlang der Asphaltwüsten, an Häuserwänden und in den Pflasterfugen, an Mauern und in Nischen, an Bahndämmen und Gleisanlagen.
Am Mehringdamm stehen eng beieinander unscheinbare, kleingewachsene, fast zierliche Bäume. Sie werden kaum beachtet und teilen sich die Betonkübel mit Gräsern und Müll: japanische Kirschbäume, die Jahr für Jahr schlagartig erblühen und über Nacht eine Nebelbank aus Blüten erschaffen. Sobald drei weiß-rosa Wolken über dem

Mehringdamm schwebten, war für mich der Frühling wirklich, endgültig und wahrhaft in der Stadt angekommen. Strahlend und kühl kamen die Morgende. Die Vormittage traten vielversprechend an. Schritt um Schritt erwärmte die Sonne Steine, Mauern und Asphalt, erweckte den Duft von Kastanien und Linden und belebte die gesamte Stadt. Die Straßen und Cafés füllten sich, die Menschen kamen aus der Verbannung zurück. Ich stellte das Holzsammeln ein, kaufte keine Kohlen mehr nach und verheizte eines Abends meine letzten Brennstoffreste, um danach den Ofen für ein halbes Jahr schweigen zu lassen. Die Heizperiode war vorüber. Ich hatte überlebt.

* * *

Wenn ich aus dem Haus ging und mich nach Westen wandte, kam ich zur Brachvogelbrücke und der Mittenwalder Straße oder zum Halleschen Tor und dem Mehringdamm. Beide Wege führten in Richtung Bergmannkiez, also dorthin, wo die Läden waren, die Cafés und das Leben. Der Bergmannkiez war Teil von Kreuzberg 61, dem westlichen Teil Kreuzbergs. Dieser hieß deshalb 61, weil seine Postleitzahl früher, weit vor meiner Zeit, auf 61 geendet hatte.

Ein Kiez ist nicht etwa die Untereinheit eines größeren Ganzen. Jeder Kiez ist sich selbst das größere Ganze, das wirklich Bedeutsame. Das Wort *Kiez* ist dem Slawischen entlehnt, sorbische Siedlungen hießen einst so, Ansammlungen von Fischerhütten, kleinste Dorfgemeinschaften. Im Gegensatz zu *Kiez* sind *Stadtbezirk*, *Ortsteil* und *Stadtviertel* rein administrative Begriffe, sie bezeichnen ein genau umgrenztes Gebiet, das man auf einer Karte mit dem Finger in gerader Linie umreißen könnte. Der Begriff *Kiez* ist eine persönliche Angelegenheit und bleibt daher im Ungefähren, der Finger schwebt über der Karte, er kreist: *Hier ungefähr, rund um diese Straße, rund um diesen Platz.* Die Kieze sind autarke Kleinstädte inmitten der Großstadt, exzentrische Zentren, Bezugspunkte ganz eigener Kräfte. Es gibt den Zionskirchplatz, das Rollbergviertel, den Helmholtzplatz, die Oranien-, die Simon-Dach-Straße, den Graefe- und den Wrangelkiez und noch viele weitere Straßen und Plätze, die sich selbst genug sind und die um sich selbst kreisen.

Wer von seinem Kiez spricht, meint also keine Verwaltungseinheit, sondern vor allem ein soziales Bezugssystem, ein Zuhause. Wenn man will, kann man sein ganzes Leben in 61 verbringen, ohne jemals zur Friedrichstraße vorzustoßen oder in das Nachbarviertel hinüberzuwechseln. Post und Behörden, Grünflächen und Kirchen, Supermärkte und Einzelhandel: Es gibt alle notwendigen Elemente einer Stadt und nichts lässt auf die Einbindung in ein größeres Ganzes schließen, sieht man einmal von der Bebauungsdichte und dem U-Bahnnetz ab. Je länger ich hier lebte, umso weiter schienen sich die anderen Stadtteile zu entfernen.

Über dem Mehringdamm war ein grünes Dach ausgespannt und über der Gneisenaustraße ebenso. Die Schatten waren blau, die Luft im Dunkel blieb zart und kühl. Überall schob sich Blattwerk vor die Steinmassen und in den blauen Himmel, oben feierten die Wipfel ein Fest, unten tanzten die Sonnenflecken auf dem Asphalt. Die Straßenzüge hinter der Bergmannstraße liegen höher als diese selbst, denn das Gefüge von Berlin steigt dort in sanfter Welle hoch zum Tempelhofer Feld mit dem ehemaligen Flughafen. Der leichte Anstieg, die Bewegung des Geländes setzt Kräfte in Bewegung, welche von der Bergmannstraße absorbiert werden, welche ihr zugute kommen. Es gab in 61 alles.

Das Leben in der Bergmannstraße ähnelte einem Stammestreffen, einem Folklorefestival. Man wandelte unter den Delegationen aller denkbaren Gruppierungen. Bald begegnete man einem Trupp Hertheraner auf dem Kriegspfad, bald traf man auf italienische Alternativjugendliche, bald arbeitete man sich durch eine Busladung behäbig staunender schwäbischer Touristen. Von albanischen Pizzabäckern über mongolische Zigarettenverkäufer, bis hin zu Engländern auf Sauftour und türkischem Mannsvolk in neonbelichteten Kneipen, von Beamten aus Bonn, von überschminkten Russinnen über Pseudopunks, rumänische Straßenmusiker, bärtige Islamisten, Sikhs mit Turban, bis hin zu Rentnern aus Marzahn: Alles war da, niemand fehlte. Die Besatzung der Arche Noah war vollzählig, die Sintflut konnte kommen!

Die Altwarenhändler hatten Kisten mit Büchern und Schallplatten, Tassen, Tische und Vitrinen auf die Straße gestellt und warteten auf Kundschaft. Es gab eine ganze Reihe dieser Läden in der Bergmannstraße, die alle bis auf einen fest in arabischer Hand waren. Mich überkam im Vorbeilaufen regelmäßig Mitleid mit den Büchern, die wild übereinander geworfen in Bananenkisten tageintagaus der Witterung ausgesetzt waren. Oftmals kaufte ich den einen oder anderen Band frei, nur damit er nicht weiter dort herumliegen musste.

- Was kosten die beiden Bücher?
- Dassda!? Kostet fünffzenn!
- Gut, dann geb ich dir zwei!
- Gibb mir fünff, iss ok…

Die Händler sorgten für ein Fest der Gebrauchsgegenstände, ein Stelldichein der Alltagskultur. Die Läden selbst lagen sämtlich im Souterrain und waren mehr Lager- als Verkaufsräume, hier stapelten sich die Nachlässe und der Hausrat verschiedener Generationen sowie das Mobiliar aller denkbaren Stilrichtungen. Zusätzlich reihten sich in der Nostitzstraße diverse persische Antiquitätenhändler aneinander, die besseres Material anboten und auch bessere Preise erzielten. Auch sie hielt nichts in ihren Läden, auch hier wurden Küchenkommoden, Vitrinen und Schreibtische in fröhlichen Kombinationen auf den Gehweg gestellt. Es war, als würden die überquellenden Keller Ware und Verkäufer auf den Gehsteig spülen. Die Grenze zwischen drinnen und draußen war verwischt.

Altwarenhändler hatte es rund um den Bergmannkiez schon immer gegeben, jedenfalls so lange ich zurückdenken konnte. Und sie waren es, welche die Maßstäbe gesetzt hatten: Es gab kaum ein Geschäft, das nicht morgens Körbe, Kisten, Tische oder Regale voller Ware auf die Straße räumte. Vor dem Kosmetikladen stand eine Schale mit Naturschwämmen, der Weinhändler stellte Karaffen und bei guter Witterung Bücher über Bordeaux nach draußen, vor dem Laden für Wohnkitsch stand Wohnkitsch und das Antiquariat war umrahmt von Tapeziertischen voller Bücherkisten. Der Fotoladen stellte zumindest Bilderrahmen und einen Ständer mit Postkarten vor die Eingangstür und die Apotheke leistete sich wenigstens einen Aufsteller. Der Edekaladen wurde durch einen Stehtisch komplettiert, an dem die Bauarbeiter ihre Brötchen aßen, Kaffee tranken und rauchten, selbst vor dem Waschsalon stand eine Sitzbank.

In der Nostitzstraße hinter der Kreuzung war ein kirchlicher Gebrauchtwarenhandel angesiedelt, ein Quell des Überflusses. Dort standen auf über hundert Quadratmetern alle erdenklichen Güter des täglichen Bedarfs, von Kleidung über Bettwäsche bis hin zu Geschirr und Kinderspielzeug. Der Raum war angefüllt mit Stahlregalen, der Strom an Sachspenden riss nicht ab. Schnell wollte man die ausgesonderten Waren wieder ins tägliche Leben eingliedern, die Preisgestaltung war ausgesprochen vernünftig.

Der Laden wurde von einem Damenkränzchen unterhalten, war aber zugleich einem Männerwohnheim angeschlossen, in dem auf drei Etagen die notorischen Trinker des Viertels untergebracht waren. Manchmal streunten diese zwischen den Regalen des Ladens umher, halfen mit oder glaubten mitzuhelfen, indem sie sich um die Kunden kümmerten. Regelmäßig ging ich dort einkaufen, ging, um zu sehen, was es Neues gab und was ich davon brauchen könnte. Mein gesamter Hausstand und der Großteil meiner Kleidung stammte von dort.

Ein Teil der Belegschaft des Männerhauses wurde rekrutiert, sobald es galt, ein Möbelstück zu transportieren, die Regale zu bestücken oder die Müllsäcke voller Kleiderspenden zu sortieren. Mit großem Ernst gingen die ansonsten erwerbslosen, gestrandeten Existenzen zu Werke. Sie saßen im Kreis und berieten sich gegenseitig, ob dieses oder jenes Kleidungsstück auf diesen oder jenen Haufen gehörte. Ab und zu hörte ich Ausrufe des Erstaunens und der Verwunderung:

- Oh schau an, ganz neu, ganz-ganz neu…

- Ja was ist das denn, was ist das denn? Was das wohl ist?

Eine von den drei christlichen Damen, die das Kaufhaus leiteten, griff ein, wenn die Verwirrung zu groß wurde oder in Untätigkeit überzugehen drohte, erklärte wahlweise einzelne Kleidungsstücke oder die Verfassung unserer Gesellschaft insgesamt.

- Ja, Hubert, das ist ein Damenblouson. Das kommt auf den Haufen da. Ja doch, das ist für Damen, doch-doch!

Hubert blickte ungläubig auf das Stück Stoff in seinen Händen.

- Ja, so ist das: Manchmal werfen die Leute neue Sachen weg, einfach weil sie sie nicht mehr mögen. Wir sind halt eine Wegwerfgesellschaft.

Dieses letzte Wort erwies sich von großer Kraft, denn
es ging noch lange um. Hubert stand vor den Regalen
und murmelte es beim Einsortieren zuweilen vor sich hin,
manchmal sah er auf und den Kunden ins Gesicht:
- Wir sind eine Wegwerfgesellschaft. Das sind wir, jawoll
das sind wir!
Auch in der Sortierrunde sorgte es für Beschleunigung,
denn sobald einer ein Kleidungsstück hochhob, um entweder einen bekannten Markennamen zu deklamieren
oder die Neuwertigkeit zu bewundern, löste Hubert das
Rätsel, indem er sprach:
- Wir sind eine Wegwerfgesellschaft, jawoll das sind wir!

Es gab aber auch Bewohner des Männerhauses, die für
die Arbeit im Gebrauchtwarenladen ungeeignet waren,
die zu sehr in ihrer eigenen Welt lebten. Zwei davon
hatte ich mehrfach beobachtet und auf den Namen
Grummler und *Parka-Mensch* getauft. Sie waren von
unterschiedlichem Temperament, hatten jedoch das gleiche Ziel. Es zog sie zu Ufuks Ladengeschäft an der nächsten Ecke, wo sie jeden Tag mehrmals ihr Bier erstanden.
Sobald sie über genügend Kleingeld verfügten, bega-
ben sie sich unabhängig voneinander auf den Weg vom
Männerwohnheim über die Kreuzung zum Laden. Die
Gneisenaustraße ist vierspurig, in der Mitte verläuft ein
baumbewachsener Gürtel, links und rechts davon strömt
der Verkehr nach Schöneberg und Richtung Neukölln.
Quer dazu verläuft die Nostitzstraße.

Wenn man auf die schräg gegenüberliegende Seite will, muss man drei Ampeln abwarten, drei Fußgängerübergänge überqueren. Die Taktik des Grummlers war einfach: Er ignorierte Bürgersteige und Ampeln sowie die gesamte Straßenverkehrsordnung und schob sich schweren Schrittes quer über die Kreuzung. Auf seinem Weg blieb der Grummler von herannahenden Automobilen völlig unbeeindruckt. Das Ziel vor Augen, das Kleingeld fest mit der Faust umschlossen, ging er den einzig möglichen, den geraden Weg. Seine Arme ruderten, er war das Schiff und der Verkehr war die Brandung, die es zu teilen galt. Dabei schnaufte und grummelte er unverständlich aber beständig vor sich hin. Erstaunlicherweise ließen ihn die Autofahrer gewähren, sie nahmen ihn hin, akzeptierten seinen Kurs und hupten nie.

Der Parka-Mensch wiederum war indischer oder pakistanischer Herkunft und seine Vorgehensweise von östlicher Weisheit geprägt. Während sein europäisches Gegenstück effizient und zielorientiert verfuhr, wusste er um die Unebenheiten in der Zeit, und er wusste mit ihnen zu spielen. Der Parka-Mensch war ein schmächtiges, stilles Wesen, das meist an dem Fußgängerüberweg stehen blieb, eine Bierflasche an die Brust gedrückt, leicht in den Knien wippend. Sobald die Ampel auf Grün geschaltet hatte, dann fuhr eine leise Bewegung durch seinen gesamten Körper. Sie begann an den Füßen, setzte sich nach oben fort, die Knie wurden durchgestreckt, die Hüften nach oben gedrückt, die Brust straffte sich leicht und der Kopf wanderte ein paar Zentimeter nach oben. Gleichzeitig blieb der Parka-Mensch wie angewurzelt stehen. Links und rechts schoben sich die Menschen an ihm vorbei, er jedoch hatte sich schon wieder entspannt, war in seine Grundposition zurückgesunken, wippte erneut in den Knien und wartete eine weitere Ampelphase ab. Erst während der zweiten oder dritten Grünphase gestatte er sich, dem Bewegungsimpuls nachzugeben und die Hälfte der Straße zu überqueren. Bei dem zweiten sowie dem letzten Übergang verfuhr er genauso, so dass er gut und gerne eine halbe Stunde brauchte, bis er im Laden angelangt war. Dort tauschte er Kleingeld und die geleerte Flasche gegen eine frische und machte sich auf den Rückweg, wobei er stets die andere Kreuzungsseite bevorzugte und auf diese Weise einen Kreis beschrieb. *Parka-Mensch* hatte ich ihn deshalb getauft, weil er eine Vorliebe für bunte Parkas hatte. Die Verbindung zum Gebrauchthandel gestattete es ihm, den Parka alle paar Wochen zu wechseln und in neuer Ausstattung an der Ampel zu stehen, in den Knien zu wippen und die Grünphasen zu ignorieren.

***

Man kann die breiten Gehwege bewundern, die vielen Bäume, die steilen Häuserfronten, die geraden Linien und die hohen Himmel. Man kann von der Vielfalt schwärmen, dem Angebot, vom Leben auf den Straßen, der Ungezwungenheit, dem Gefühl von Freiheit. Man kann Berlin für seine Restaurants lieben, für die Nachtclubs und die Theater. Berlin ist viel, man muss es nur suchen gehen oder an irgendeiner Ecke lange genug warten. Nur eines ist Berlin nicht: Berlin ist nicht schön. Manche Ecken Berlins sind schön, nicht aber die Stadt an sich. Berlin ist, was die Franzosen *une belle laide* nennen: eine hässliche Schönheit. Berlins Vorzüge bestehen nicht in einem makellosen Antlitz oder anderen optischen Reizen, vielmehr sind es Vitalität und Jugendlichkeit, welche Berlin auszeichnen.

Andere Städte haben schon längst aufgegeben und sich mit ihrer Nutzlosigkeit abgefunden (Wien zum Beispiel), sie tragen ihre Sehenswürdigkeiten zur Schau wie eine alte Dame ihre Juwelen (Paris etwa). Berlin aber ist am Werden, Berlin muss erst noch erfunden werden. Und man hat, ob man nun will oder nicht, an dieser Erfindung teil. Dies ist das Spannende: Man ist Bewohner einer Zwischenzeit, Zeuge eines Übergangs. Nichts ist ausgemacht, nichts ist gefestigt und nichts beschlossen. Berlin ist ein Raum von Möglichkeiten, alles ist im Fluss, entsteht, vergeht, festigt oder fügt sich. Allerlei parallele Welten laufen nebeneinander her und man kann nach Belieben die Ebenen und Bezüge wechseln. Das bedeutet große Freiheit auf der einen Seite, auf der anderen führt dies zu großer Unverbindlichkeit.

Man darf in Berlin fremd bleiben, jeder darf das, denn man kann jederzeit untertauchen und sich gehen lassen. Das ist der Vorzug dieser Stadt. Es gibt keine Gemeinschaft von Gleichartigen, die einen einlassen oder ablehnen können. Es gibt keine Flaniermeile, keinen zentralen Platz. Anders als in anderen deutschen Städten gibt es in Berlin keine verbindlichen Umgangsregeln, keinen Dresscode und keinerlei soziale Kontrolle. Jeder kann tun und lassen, was er will, jeder so aussehen, wie es ihm beliebt. Alles läuft miteinander und geht ineinander über: die Religionen und Abstammungen, die Moden und Stile, die Gruppen und Gruppierungen, die Überzeugungen und Meinungen, die Träume und Lebensentwürfe. Die einen sitzen im Mieterverein und bewerfen sich mit Fremdwörtern, die zweiten gehen zum Kültür e.V. und schauen Galatasaray beim Verlieren zu, die dritten machen Party in Industrieruinen und schmeißen synthetische Drogen ein. Im Winter versteckt sich diese

Vielfalt im Inneren der Häuser, im Frühling kehrt sich das Geschehen um und wendet sich nach draußen, die Dämme brechen und die Menschen fließen auf die Straßen zurück.

Ich erinnere mich an die großen Momente, in denen nichts davon selbstverständlich war. Die Momente, in denen man sich umsah und dankbar war, dass es einen gerade hierher verschlagen hatte, zu dieser Zeit, in diese Stadt und an diesen Ort. Die Momente, in denen der Gedanke, dass es auch anders hätte kommen können, einen beunruhigte.

In Berlin zu leben, das war manchmal, als wäre man verliebt. Man war verliebt, aber zugleich unsicher, ob dies auf Gegenseitigkeit beruhte. Die feine Anspannung, die nervöse Erwartung und die Wachsamkeit, die sich daraus ergab, bestimmten die Atmosphäre der Stadt, daraus bestand die Berliner Luft. Anfangs war ich bereit, alles und jedes in günstigem Licht zu sehen, einen Schleier über die Unzulänglichkeiten und Fehler zu legen. Ich strengte mich an und wollte alles tun, damit sich die Gelegenheiten einstellen konnten, damit es zu Zufällen kommen konnte, welche die gegenseitige Zuneigung begünstigten. Mit den Zeichen und Zufällen, die darauf schließen ließen, dass die Stadt meine Zuneigung erwiderte, ging ein Gefühl von Heimat einher, ein flüchtiges Glück.

Einige Wochen lang zeichnete ich meine Wege auf, hielt meine Wanderungen fest. Ich schrieb nichts auf, ich notierte nur Strich für Strich Strecke und Form. Weißes Papier nahm ich und einen Kugelschreiber. Als Vorlage hatte ich einen Stadtplan und markierte mir die Gitschiner Straße und die Lage meiner Wohnung, diese war der Mittelpunkt: Abend für Abend fuhr ich mit dem Stift von dort aus entlang der Ecken und Kanten, die ich tagsüber abgeschritten hatte. Langsam formte sich mit dem Abbild meiner Bewegungen auch eine Ansicht, ein Plan meiner Stadt. Als mein Abschnitt der Gitschiner Straße so stark heraustrat, dass das Papier zu reißen drohte, stellte ich meine Aufzeichnungen ein.

Das Resultat war anschaulich. Ein breiter, autobahngleicher Strom an Kugelschreiberlinien führte einige Zentimeter nach Westen, bog unvermittelt ebenso dick nach Süden ab und zerfaserte erst an der Stelle, wo ein ordentlicher Stadtplan die Bergmannstraße vorgesehen hätte. Sporadisch überquerte der Kugelschreiber den Mehringdamm oder arbeitete sich um den Chamissoplatz, meist aber lief er das Viereck des Bergmannkiezes ab. Nur einzelne Striche gerieten auf Abwege, deuteten einen Behördengang an, eine Besorgung oder eine außerordentliche Beschäftigung, einen Spaziergang im Viktoriapark etwa.

Ein dünnerer Fluss, ein weniger kompaktes Blau lief in eine andere Richtung, zum Kottbusser Tor und zur Oranienstraße, drei mäandernde Linien hielten sich nicht an

die kürzeste Verbindung und waren weiter südlich am
Kanal entlang geschlendert. Ich stellte Spekulationen
an, was wohl entstünde, wenn man die Bewegungspläne
mehrerer Personen übereinander legen würde: Hätte
man entsprechende Aufzeichnungen aller Berliner, eine
Innenansicht der Stadt wäre möglich.

In Richtung Osten kreuzt die Gitschiner erst die Prinzenstraße und danach den Erkelenzdamm, bevor sie am
Kottbusser Tor ihren Namen aufgibt und zur Skalitzer
Straße wird. In dieser Richtung liegt der andere Teil
Kreuzbergs: Kreuzberg 36, oder auch SO36, wobei SO
für Südost steht. Die Gitschiner Straße verbindet nicht
nur beide Teile, sondern bildet eine Art Niemandsland
dazwischen.
Nach Osten wandte ich mich meist abends, denn dort
wohnten die Freunde, dort waren die Kneipen. Auf dem
Weg lag das Kottbusser Tor. Dort sammelten sich dieje-
nigen, die kein Netz mehr hielt. Es waren Gleichgesinnte,
Gefallene, eine Gemeinschaft der Zahnlücken, der sicht-
baren Verwahrlosung und der verblichenen Farben. Sie
standen vor Kaisers, redend, lachend und trinkend, hier
hatten sie sich gefunden, waren angespült worden, hin-
gen fest und brachten ihre Tage durch. Das Kottbusser
Tor ist eine überdimensionierte Verkehrsinsel, in deren
Mitte das Fundament der Pfeiler steht, auf welchen die
langgestreckte U-Bahnstation ruht, die der Linie 1, welche nach Friedrichshain hinüberfährt. Unter der Erde

verläuft eine zweite Linie in Nord-Süd-Richtung, wodurch das Kottbusser Tor zu einer stark frequentierten Drehscheibe wird. Die Verkehrsinsel selbst ist ein eigentümliches Stück Ödland inmitten der Stadt. Mir schien, es könne sich dort kein Gras halten, als wäre das Fleckchen von allem Wachsen und Gedeihen ausgeschlossen, ein paar fahle Gräser, das war's. Eine Zeitlang hausten dort zwei Obdachlose, die ihren Hausstand, oder was davon übrig geblieben war, unter das stählerne Dach der U-Bahntrasse gestellt, ein Bett und einen Schrank an das Pfeilerfundament gelehnt und ihr öffentliches Wohnzimmer bezogen hatten. IN UNS ALLEN IST INGO stand über diesem Ensemble geschrieben. Dies galt einem Obdachlosen, der im Winter erfroren war.

Ich kannte einen anderen Ingo und immer wenn ich am Kottbusser Tor vorbeilief, musste ich an diesen denken. Mit meinem Ingo musste man sich nicht verabreden, früher oder später stieß man auf ihn oder er auf einen, man traf ihn auf Parties oder im Sommer am Kanal. Ingo hatte ein außergewöhnliches Gespür für Dramaturgie und stand erst gegen Mitternacht vor der Tür, in der einen Hand eine offene Bierflasche, in der anderen eine prall gefüllte Plastiktüte mit dem Biervorrat. Ingo kannte jeden und jeder kannte Ingo. Ingo erschien, riss Witze und redete in einer Tour, arbeitete sich in das Wohnungsinnere vor, ließ die Plastiktüte neben sich auf den Boden sinken, lehnte sich an die Wand und begann, einen Joint zu drehen.

Wenn man es verpasst hatte aufzubrechen, bevor Ingo kam, dann war der Abend gelaufen. Ingo war die fünfte Kolonne, der lebende Nachschub. Mit ihm trafen meist ein, zwei Gleichgesinnte ein, die ganz allein soviel Party machen konnten, dass es locker bis zum Morgen reichte. Das war Ingo, und Ingo war in uns allen.

Ingo wohnte wie eine ganze Reihe meiner Freunde und Bekannten in der Reichenberger Straße oder in der näheren Umgebung. Dies hatte nicht nur mit billigen Mieten, gegenseitiger Vermittlung von Wohnungen und Zufällen zu tun, sondern auch mit der Anordnung der Reichenberger, die sich vom Kottbusser Tor lang, gerade und weit zwischen Görlitzer Park und Kanal nach Südosten hinzog. Jedes Mal, wenn ich vom *Kotti* die *Reiche* hinunter lief, verfluchte ich entweder meine Ungeduld, wegen der ich den Bus nicht abgewartet hatte, oder meine Faulheit, wegen der ich nicht dazu gekommen war, das Fahrrad zu reparieren.

Die Reiche erwies sich in Wirklichkeit als länger, als man sie in Erinnerung hatte. Erst kam Ingo im Neubau, danach linkerhand Holger im Hof, Davids kleine Klause lag in einer der Querstraßen. Spätestens auf Höhe der Liegnitzer Straße dachte ich, ich wäre gleich da, gleich käme ich bei der verrückten Portugiesin an. Dann aber wurde mir bewusst, dass zunächst Marens Wohnung an der Reihe war. Ich hatte ein ganzes Karree einfach vergessen und musste noch zwei Straßen weiter. Dort erst wohnte die Verrückte. Die Wohnung der verrückten Portugiesin war deshalb Treffpunkt Nummer Eins, weil fast jeder dort einmal gewohnt hatte. Die Wohnung war so lange von Hand zu Hand gewandert, bis sie an Lydia fiel. Lydia schliff die Dielen, baute Regale ein und ließ sich dort nieder. Zugleich aber floh sie in regelmäßigen Abständen das Land und nahm währenddessen Untermieter auf, die aus dem Freundeskreis rekrutiert wurden.

Wenn sich der Kreis also *bei Lydia* traf, war nicht ausgemacht, ob sich Lydia überhaupt in Berlin aufhielt. Sobald sie aber in der Stadt war, gab es portugiesische Essenseinladungen, von denen es im Vorfeld geheißen hatte, *nichts Großes, im kleinen Kreis, drei, vier Leute. Am Dienstag so gegen neun.* Bacalhau sollte es geben, originalen Bacalhau und Honig von den Großeltern. Drei, vier Leute waren Dienstag um neun an Ort und Stelle, ein weiteres halbes Dutzend kam um zehn und gegen elf dann der Großteil der Gäste. Die Nachhut mit Ingo trudelte um Mitternacht ein.

Lydia war nicht wirklich verrückt, sie versetzte nur ihr Umfeld in rastlose Bewegung und Sinnsuche. Wer für sich eine Veränderung erzeugen wollte, der musste sich nur einen Tag lang mit Lydia auseinander setzen, und die Dinge gerieten in Bewegung, ein Meer an Möglichkeiten tat sich auf. Obwohl Lydia von großer Tatkraft war, konnte es vorkommen, dass sie nach halber Wegstrecke den Mut verlor oder das Ziel aus den Augen und damit die Kraft. Manchmal verschätzte sie sich auch schlicht und ihr fehlten die Maßstäbe. Einmal wollte sie mich anheuern, um einen Wohnwagen aus Portugal nach Berlin zu schaffen. Weder gab es dafür ein Auto – *das kann man ausleihen* – noch hatte der Wohnwagen TÜV – *den kann ich besorgen* – noch war die Verwendung klar – *den stellen wir auf und machen einen Club oder so.* Lydia schien ihre Energien zu zerstreuen, auf verschiedenste Ideen und Vorstellungen gerecht zu verteilen, ganz so, als wären diese allesamt ihre Kinder und damit im gleichen Maße ihrer Liebe bedürftig. Deshalb durfte auch keine Idee wirklich umgesetzt werden, denn eine andere hätte ja dann das Nachsehen gehabt.

Eine Zeitlang wurde Lydias Wohnung von Claire genutzt. Diese verbrachte in Berlin ein Austauschjahr. Ursprünglich wollte sie nach Barcelona oder nach Paris, Berlin hatte sie nur mit auf die Liste gesetzt, weil es dort Bekannte gab und ihr nichts Besseres eingefallen war. Nach Barcelona und Paris aber wollte jeder und deshalb bekam Claire nur einen Platz in Berlin. Ich erinnere mich, wie ich Claire Kreuzberg zeigte und wie wir mit den Anderen abends am Kanal saßen – gegenüber dem weiß getünchten Spruch ICH KONSUMIERE ALSO BIN ICH?! gleich bei der Admiralbrücke (*Wir treffen uns dann beim Konsumieren*, so sagten wir).
Die Stadt meiner Erinnerung ist leerer und leiser als das Berlin meiner Gegenwart. In den Straßen war weniger los, es gab einige Cafés und Kneipen, aber nicht überall.

Kioske und Spätkaufläden gab es ebenfalls, aber nicht an jeder Ecke. Touristen kamen nach Berlin, blieben aber unter den Linden und am Potsdamer Platz und verirrten sich nur selten nach Kreuzberg. Es gab noch keine Reisebusse, die durch die Bergmannstraße fuhren, und das Schlesische Tor war eine ruhige Ecke. Als dort das erste Hostel eröffnet wurde, saßen wir am Kanal und ahnten nichts. Wir sahen das brackige Wasser vorüberfließen und träumten davon, dass der Kanal eines Tages beschwimmbar sein würde. Auf den vereinzelt vorbeigleitenden Ausflugsbooten wurde per Lautsprecher Unfug über Kreuzberg erzählt. Wir saßen am Ufer wie Eingeborene ums Feuer und sahen den Schiffen dabei zu, wie sie näher kamen und wie sie vorbeifuhren und kurz darauf entschwanden. Wir saßen dort, bis die Nacht schon fortgeschritten war und das Kanalufer sich geleert hatte. Dann brachen wir auf. Die Flaschen wurden neben die Müllkörbe gestellt, damit es die Pfandflaschensammler leichter hätten.

Der Spruch am Kanal ist mittlerweile verblichen und die Admiralbrücke zum abendlichen Treffpunkt einer internationalen Jugendbewegung geworden, deren einziges Ziel Berlin ist. Claire hatte einer Vorhut angehört und war noch in den Tagen der Unschuld in die große Stadt gekommen. Während ihres Aufenthaltes hatte sie die Stadt fotografiert. Jahre danach habe ich diese Sammlung zu Gesicht bekommen und über Claires Wahrnehmung der Stadt gestaunt. Auf Claires Fotos waren keine

Menschen, da waren nur Mauern, Aufkleber, Schilder. Da gab es faszinierende Graffiti und bunte Kunst an Häuserwänden, da war die abgewetzte, kahle Weite des Görlitzer Parks. Da gab es den halbfertigen Potsdamer Platz und das einsame Brandenburger Tor. Claire hatte die Stadt durchstriffen wie eine Wildnis. Die Baulücken hatte sie aufgenommen und die Abrisshäuser, die verlassenen Fabriken an der Spree und das Brachland, die aufgerissenen Straßen, all die Absperrungen, die Bauzäune und die Warnschilder. Sie hatte ausgesonderte Sofas und Matratzen abgelichtet, die auf den Straßen abgestellt waren und die Leere eingefangen, eine Stadt abgelichtet, der die Bewohner nicht ausreichten, die sich nie mit den Lücken und der Leere abgefunden hatte, die hungrig war und die zurückhaben wollte, was sie vor dem letzten Krieg ihr eigen genannt hatte – eine Stadt, die nach Anerkennung und Zuspruch hungerte, und sich deswegen billig herzugeben bereit war, eine Stadt vor dem Sturm – eine magische, majestätische Stadt mit blauen Himmeln und voller Klarheit. Claires Traum von Berlin: eine Art Pompeji.

Berlin ist ihr bis heute ein Sehnsuchtsort geblieben. Zurück in der Schweiz gab es für sie wieder bestimmte Tage für bestimmte Müllsäcke, die zu bestimmten Zeiten auf die Straße gestellt werden mussten. Berlin blieb ihr ein Synonym für Freiheit und Experimentierfreude. Die jungen Menschen aus Finsterwalde, aus Paderborn und Le Havre, die heute in die Stadt strömen, machen eine ähnliche Erfahrung, sie erleben Tage der Entgrenzung, der absoluten Freiheit, des unbegrenzten Rausches. In Berlin setzt ihnen niemand – keine Autorität, keine Sperrstunde und kein Gesetz – eine Grenze. Sie bleiben im Sumpf der billigen Kneipen und kuriosen Clubs sich selbst überlassen und sie testen sich aus, sie wollen es wissen, im hier und jetzt – bevor es zurück geht in die Enge einer Kleinstadt, einer Kleinfamilie oder einer Ausbildung. Berlin hieß jeden willkommen, Berlin richtete sich auf den Zustrom ein. Kreuzberg verwandelte sich Schritt für Schritt in eine Partymeile, normale Geschäfte wurden immer seltener, die Gastronomie übernahm ganze Straßenzüge. Unter all den neuen Cocktail- oder Shishabars, den Cafés und panasiatischen Restaurationen lebten die ehrwürdigen Trinkinstitutionen der neunziger Jahre unbeirrt fort: das Wiener Blut, der Würgeengel, oder das Bateau Ivre etwa.

* * *

Berlin Babylon

Die Luftschichten boten keinen Widerstand, die letzten Sonnenstrahlen des Tages fielen mühelos durch die Atmosphäre und schlossen die Welt der Gegenstände auf. Große traumhafte Leere erstreckte sich zwischen den Bordsteinen.

Vor der Walpurgisnacht, am Vorabend des Ersten Mai, wurden in jedem Jahr die Autos aus der Oranienstraße und den umliegenden Straßen und Plätzen fortgeschafft und vorübergehend in den angrenzenden Vierteln abgestellt. Eine Ahnung davon, wie das Viertel einmal gedacht war, wie es eigentlich gemeint war, breitete sich aus. Die Stadt gab sich Blößen, sie wirkte nackt, verletzlich. Die Pflastersteine glänzten, die Straßen wurden zu weiten Strömen und die Bäume fanden zurück zu ungerührter, ursprünglicher Majestät. Es war ruhig, kaum Autos waren unterwegs. Radfahrer fuhren Schlangenlinien und Fußgänger schlenderten zur Probe mitten auf der Straße. Es herrschte Ausnahmezustand, die Ampeln blieben ohne Funktion, der Respekt vor jeglicher Ordnung war verloren gegangen und jeder wurde zum

Anarchisten. Die Amseln sangen am Heinrichplatz, die Stimmen aus den Cafes bildeten einen Teppich aus Klang. Der Mond stand im letzten Viertel und stieg über die Dächer. Schön war der Abend.

Mit der Dämmerung setzte eine erste Polizeisirene ein, eine zweite kam hinzu. Sie vergingen in der Ferne. In Kreuzberg würde es ruhig bleiben. Aber am Mauerpark und Boxhagener Platz würden später die ersten Mülltonnen brennen. Der folgende Tag, der Tag der Arbeit, brachte eine Ausweitung der Kampfzone mit sich. Der Berliner Erste Mai war kein Spaß, für niemanden, der sich daran beteiligte. Für die Halbwüchsigen nicht, nicht für die angereisten Bereitschaftspolizisten und schon gar nicht für die Autonomen. Der Erste Mai war ernst, sehr ernst. Es ging um alles in diesem Indianerspiel, um Staat, um Freiheit, um Recht, um Unrecht – wenn man Zeitungen und Parolen Glauben schenken wollte. Es ging darum, dass es gegen etwas ging, dass man ein Ventil fand, dass jemandem Schuld zugewiesen werden konnte, dass jemand verantwortlich war.
Die Stadt blieb dunkel, war wie evakuiert. Einzelne Körper sammelten sich, sie bildeten Gruppen, sie saßen auf dem Gehsteig oder im Weg und tranken billiges Bier. Schwarze Kleidung und viel Besuch von auswärts: neugierige, junge Leute mit buntem Haar aus gutem Hause, westdeutsche Lehrersöhne, Maulhelden und aufgeregte Stammeskrieger. Die Kioske und Spätkaufläden schrie-

ben Rekordumsätze, auf den Straßen wurde Bier verkauft. Am Mariannenplatz stand ein Türke mit einem Kinderwagen voller Becksbierdosen für die Revolution. Zerbrochenes Glas knirschte unter den Schritten. Besoffene und Halbbesoffene, Angstschweiß von Uniformierten. Einzig die Autonomen wussten, was sie wollten, wussten wogegen es ging und wann.

Man roch die Erregung, man wusste um die gefährlichen Ecken. Abenteuerlust, Triebstau, Aggression. Die Gegner fanden sich früher oder später, Fronten wurden gebildet, Steine und Knüppel flogen, das Kriegsspiel begann. Hubschrauber überflogen das Gebiet, Verstärkung rückte nach, schwarzer Qualm zog in den dunklen Himmel. Adrenalin und Alkohol, der Tanz auf dem Vulkan. Alles war Droge und die Nacht schritt fort, das Stammhirn übernahm, Instinkt oder Befehl entschieden über die Laufwege.

Mit den Jahren jedoch war dem Ersten Mai der kriegerische Charakter ausgetrieben worden. Dies war die Folge kluger Senatspolitik und der Initiative der Anwohner. Anstatt Hundertschaften nach Kreuzberg zu beordern, fing man an, links und rechts der Oranienstraße Bühnen und Lautsprecher aufzubauen, den Straßenverkauf von Speis und Trank zu gestatten und legte so den Grundstein zu einem kollektiven Gelage, das jedes Jahr mehr und mehr Menschen anzog. Auf diese Weise wurden die Demonstrationen und vereinzelten Scharmützel langsam zu einem Völkerfest umgebaut, an dem jeder teilnahm oder zumindest kurz vorbeischaute. In kurzen Abständen spielten auf kleineren und größeren Bühnen Bands, wie sie verschiedener nicht sein konnten.

Am Mariannenplatz ging es traditionell zu, hier wurde türkische Musik dargeboten, elektronisch verstärkt natürlich. Wer dem schnellen, fordernden Rhythmus der Trommel nicht nachgab und nicht ebenfalls mit den Füßen vor und zurück federte, dem bohrten sich die nervösen Töne der Zurna durch alle Hirnwindungen. Eine Zurna, das ist für meine Ohren nichts anderes als eine Schalmei, ich habe mir aber erklären lassen, dass sie, sobald sie von einem Türken geblasen wird, zur Zurna wird. In der Seitenstraße machten Pseudogangster auf türkisch-deutschen Rap:

- Isch krieg alle Bräute, isch mach fette Beute!

Die Bässe waberten laut und verzogen durch die Naunynstraße, die Höhen wurden verschluckt. Auch waren sich die Sänger nicht immer einig. Die Akustikformation eine Ecke weiter kam nur schwer gegen den Geräuschpegel an, zumal zur anderen Seite hin Heavy Metal aufspielte. Einige Eingeweihte belagerten die Plattenteller der DJs, die Cafes und Restaurants sorgten wiederum für ihre eigene Beschallung und an einzelnen Caipirinha-Ständen wurde der mitgeschleppte Ghettoblaster vollständig aufgedreht. Man schien sich einig zu sein: Quantität war das Ziel, Übermaß die Parole. Vermischt, verwoben und verzerrt schaukelten sich die Melodien und der Krach aneinander hoch, brachen an den Häuserfronten in sich zusammen und mischten sich breiig in das Sprachengewirr. Ein Entkommen gab es nicht, die Oranienstraße war von Biertischen und Ständen gesäumt und von Bühnen umstellt.

Die Mehrzahl der Verkaufsstände war in türkischer Hand, es gab ein wahres Bombardement an Köfte, Döner und Sigara böreği, an Salat und Teigwerk zu bestaunen. Irgendwelche Afrikaner brauten eine braune Soße, in der vereinzelt Fleischstücke schwammen. Am Bioladen gab es frischen Orangensaft und teure Kuchenstücke, der Currywurststand wurde ringförmig umlagert. Arabisches, deutsches, persisches und libanesisches Grillgut wanderte auf die Roste, alle drei Meter wurde halbgekühltes Bier verkauft.

- Und das da, ist das indisch?

- Nein, das hat keine Nationalität.

Die Luft roch nach verbranntem Fleisch, und Tausende schoben sich durch wenige Straßen, blieben stehen, schauten, hörten, aßen, tranken, schoben sich weiter, drehten schließlich irgendwann um und arbeiteten sich in die Gegenrichtung. Angehörige gingen verloren, Freunde blieben stecken, das Mobiltelefon wurde zum Kompass.

- Nein, nein, weiter vorne sind wir, da bei dem gelben Ding. Höhe Adalbert. Ich winke mal, siehst du mich?

In Bodennähe wurde der Sauerstoff knapp. Einzelne Gruppen, Familien, Stammesverbände scherten aus –

genug gesehen, genug gehört – ausreichend Biernachschub wurde organisiert und man ließ sich mit tausend anderen auf der Wiese vor dem Bethanienkrankenhaus nieder. Das Gras gab sich geschlagen. Zwei Halbwüchsige hatten die Gunst der Stunde erkannt, waren mit einem Einkaufswagen unterwegs und sammelten die Pfandflaschen ein. In der Luft über dem Stimmengewirr verklang die Zurna, der Boden erzitterte von Technobeats.
Der Erste Mai in Kreuzberg: ein kleines Wunder, wenngleich ein anstrengendes. Eine nicht zu fassende Vielheit an Menschen feiert zusammen ein riesiges Fest. Auf kleinstem Raum kommt man zusammen, einfach nur um da zu sein, um zu essen und zu trinken. Und das alles friedlich, gemeinschaftlich im Babylon von Berlin.

Der Markt am Maybachufer war ein Wochenmarkt, von weitem schon hörte man die Rufe der Verkäufer.
- Kommekommekommehiiiea. Kommekommehiiiea…
Hauptsächlich Türken kauften hier ein und die Mehrzahl der Verkäufer war ebenfalls türkischer Herkunft, deshalb hieß der Markt Türkenmarkt. Billige Kleidung gab es,
- Alles bieliiegbieliieg! Bieliiiieg, bieliiiieg!
Haushaltsgegenstände aus Plastik, vor allem aber Obst und Gemüse. Die Nahrungsmittel kamen vom Berliner Großmarkt, früh am Morgen wurden die preisgünstigeren Kisten und Paletten nach Kreuzberg verkauft. Auf den Pappkartons standen die Namen der Sorten:

Einmal gab es *Citrionen*, dort wurden *Oberschienen* angepriesen, den Strauß *Pittersilie* bekam man umsonst dazu.

- Nuuuaeinöiroo… nuuuaeinöiroo… nuuuaeinöiroo…

Kurz vor Marktschluss wurden die Stückpreise aufgehoben und man konnte kistenweise einkaufen: die Ware musste weg.

- Kisstää! Orankschää! Kisstää! Orankschää!

Aber schnell musste man sein, nach kurzem, prüfenden Blick zugreifen, sein Beutegut sichern und geschickt durch das Gedränge manövrieren. Im Smyrna Kuruyemiş konnte man sich nach getaner Arbeit ausruhen, Nüsse und Trockenfrüchte in allen Variationen genießen: in die Tüte oder auf die Hand, mit oder ohne türkischen Tee. Kichererbsen gab es einfach oder doppelt geröstet, dazu Mandeln, Maiskörner, Aprikosen und einzeln verpackte Feigen von hoher Geburt sowie zuckerwassergetränkte Blätterteigspezialitäten – ein Muss bei Geburten, Todesfällen und Hochzeiten, für nordeuropäische Mägen jedoch nur bedingt geeignet.

Gleich neben dem Smyrna lag Ahmets Backstube. Sie war klein, zu jeder Jahreszeit überhitzt und stickig, vorne war der Verkauf und hinten standen die Öfen. Es roch nach warmem Brot und Kindheit. Ahmet und seine zwei Brüder buken selbst. Ihr Vater hatte einst die Bäckerei gegründet. Nachdem Siemens Ahmets Vater nicht mehr hatte haben wollen und dieser auch sonst keine Aussichten hatte, nahm er sein Erspartes und einen Kredit und setzte das Handwerk fort. Angelernt wurde Ahmets Vater von seinem eigenen Vater, also von Ahmets Großvater, vor Jahrzehnten weit hinten in der Türkei. Was aber sollte ein Bäckerssohn tun, wenn drei seiner Brüder mit ihm am Ofen standen? Ahmets Vater war der jüngste, war der letzte der Reihe, war der, dem am wenigsten blieb, der sich schließlich werben ließ und nach dem Norden in die Fabriken ging. Länger als ein Vierteljahrhundert schaffte er bei Siemens, dann wurde er überflüssig. Wenigstens waren die Söhne erwachsen und die Abfindung reichlich. Die Bank und ein Cousin gaben ihm zusätzliches Geld, das Unternehmen begann und es begann mit Erfolg.

Die Pide, die es hier gab, war die beste: satter, weicher Teig, die Kruste mit schwarzen und weißen Sesamsamen. Gebacken wurde mehrmals am Tag, damit das angebotene Weißbrot immer frisch war. Und geschlossen hatte die Bäckerei nie. Nicht nachts und nicht am Sonntag. Ahmet und seine Brüder arbeiteten Schicht, manchmal, nur selten noch, schaute der Vater vorbei. Wenn die Brüder überhaupt Urlaub machten, dann fuhren sie für ein paar Wochen im Sommer nach Hause, zur Restfamilie, den Tanten, Nichten und Neffen. Sie packten das Auto voll und wechselten sich am Steuer ab, fuhren durch den Balkan gen Süden und kamen binnen 48 Stunden in ihrem Dorf an. In der Zwischenzeit blieb der Laden geschlossen und auf einem kleinen Pappschild stand, dass er geschlossen hatte. Zwei Brote erstand ich, das

eine war für mich selbst, das andere für den Export nach Friedrichshain bestimmt. Jenseits der Spree, in zwei Kilometern Luftlinie, war immer noch Osten und frische Piden kannte man dort nicht. Ahmet sah mich an und wischte sich sich die Hand am Kittel ab.
- Und wo musst du jetzt hin?
- Nach Friedrichshain.
- Das ist... doch ja, stimmt. Wenn man die ganz große Straße da immer weiter geradeaus fährt.
Auch mir war Friedrichshain fremd geblieben, das muss ich gestehen, und niemals wäre ich in den Osten gezogen. Wenn nicht noch ein Wunder geschehen wäre.

* * *

Die Invasion der Träume

Es gibt in Berlin Tage der Magie, Tage, an denen alles klappt, an denen man ungewollt, ungeplant von der einen in die nächste Erfahrung schlittert, nur richtige Entscheidungen trifft und durch die Zeit schwimmt wie durch einen Dorfteich. Das ist das Berlin, das einen liebt, das einem bietet, was keine andere Stadt zu bieten hat. Das ist das Berlin, in dem der Zufall einen bei der Hand nimmt und an einen Ort führt, von dessen Existenz man nichts geahnt hatte.

Als mir eines Nachts zum Beispiel auf der Brachvogelbrücke ein Besoffener entgegenkam, nahm ich diesen am Arm, weil ich fürchtete, er würde fallen. Als ich ihn stützen wollte, um zu fragen, wo er wohne, griff er mich mit größerer Kraft, als ich ihn. Kurz dachte ich an Gegenwehr. Der Besoffene – er war vielleicht Mitte Vierzig, auffällige Merkmale keine – packte mich am Ärmel.

- Wir müssen zur Molly!

Ich sagte mir, mich wehren oder weglaufen könne ich immer noch, ließ mich also führen und ging in die Richtung zurück, aus der ich gekommen war. Er murmelte unzusammenhängende Worte, gab mir aber dabei dennoch zu verstehen, dass er nur Befehle höherer Wesen ausführe. Sein Griff blieb fest, sein Wille unerschütterlich, ich hätte mich ihm entwinden und das Weite suchen können, doch schien mir solches Handeln nicht unbedingt notwendig: Ich wurde entführt und das Ziel der Entführung war ein wohlbekanntes Etablissement, das ich niemals freiwillig betreten hätte. Also betrat ich es eben unfreiwillig, das erschien mir nur logisch.

Die Straßen waren leer, hätte uns jemand gesehen wie wir die Blücherstraße überquerten und auf das Eckhaus zusteuerten, man hätte uns für Saufbrüder gehalten, die sich gegenseitig stützten, um überhaupt vorwärts zu kommen. Zum Glück war das *Molly Luft* gar kein Puff, wie ich immer angenommen hatte. Die stadtbekannte Hure und Puffmutter hatte sich vielmehr auf ihr Altenteil zurückgezogen, in Kreuzberg eine Eckkneipe eröffnet und zusammen mit ihrem Mann im selben Haus eine Wohnung bezogen. Mein Begleiter setzte sich an den Tresen, bestellte ein Bier und war mit sich und der Welt zufrieden. Er hatte seine Mission erfüllt, ich war dort, wo mich die Stadt in dieser Nacht hinhaben wollte. Außer uns gab es nur noch zwei weitere Gäste, die an weit voneinander entfernten Tischen schweigend über einem Bier brüteten.

Alles an Molly war rund, das Gesicht, die Oberarme, der Halbkreis des giftgrünen Lidschattens. Ihr Körper war eine runde Masse, auf welcher weitere runde Massen aufsaßen. Sie konnte kaum noch laufen. Die dickste Hure von Berlin, so hatte sie sich früher genannt, krankhafte Fettsucht, Adipositas.

Als Molly mir von ihrem Buchprojekt berichtete und erzählte, dass sie alles aufgeschrieben habe, als sie von dem geheimen Stapel Papier berichtete, den sie niemandem zeigen wollte, von dessen Inhalt sie nichts erzählten wollte, aus Angst, man könne ihr etwas wegnehmen, etwas stehlen, da dachte ich, mein Gott, was diese Frau alles in sich aufgenommen hat, wen diese Frau alles an sich herangelassen hat, da muss so ein Körper doch aus den Fugen geraten. Ich wurde von der Bardame zu einem zweiten Bier genötigt, mein Begleiter hing noch über dem ersten. Gemeinsam verließen wir bald darauf das Lokal, trennten uns auf der Straße mit Handschlag. Ich habe ihn nie wieder gesehen, aber ich bin ihm dankbar, denn von alleine wäre ich nicht auf die Idee gekommen, Molly Luft einen Besuch abzustatten.

Die Tage zerrannen und die ganze Stadt wurde zu klebrigem Brei. Es wurde stickig unter meinem Dach, die Sonne brannte den ganzen Tag und heizte das Mauerwerk auf. Tagsüber schloss ich die Vorhänge, nachts öffnete ich, sobald die Außentemperatur unter der Innentemperatur lag, vorne und hinten die Fenster, so dass die Nacht durch die Zimmer fließen konnte. Mein Dämon saß fest und dunkel vor dem Himmel, in seinen Fenstern liefen die Versprechungen ab und er blinkte Botschaften in die

Nacht. Es summte und vibrierte, ferne Autos rauschten vorbei, die U-Bahn kreischte, Stimmen und Schritte klangen vereinzelt nach. An Schlaf war nicht zu denken. Berlin wurde unwirklich. Es herrschte ein Zustand der Schwebe, man wurde umspült von einem ungesunden Gebräu an Konjunktiven und Möglichkeiten.

Im Hochsommer verschwimmt die Stadt, die Kanten der Fassaden werden weich, Stein und Asphalt laden sich auf mit Hitze und Phantasien. Trocken und staubig steht dann die Luft, unbeweglich der Himmel. Zuviel schwirrt im Äther, zu viel an Information und Ungenauigkeiten. Träume, Räusche, Ängste, alles ist da draußen und umgibt einen wie ein feingesponnener Kokon, ein Gespinst. Berlin ist keine nüchterne Stadt, zu keinem Zeitpunkt. Berlin ist die Invasion der Träume. Ich schreibe es dieser Stadt zu, dass es mir hier nie leicht fiel, nüchtern zu bleiben. Berlin verführt zum Rausch, er liegt in der Luft, man atmet den Durst ein. In Berlin sind Rausch und Alkohol allgegenwärtig, der öffentliche Genuss von Bier – in der Straßenbahn, im Park und unterwegs – ist Alltag und nicht an bestimmte Orte, Schichten oder Tageszeiten gebunden. Einmal wurde ich Zeuge, wie ein Fahrradfahrer mit offener Bierflasche in der Hand unterwegs war, an der Ampel anhielt und einen kurzen Schluck nahm, bevor er wieder antrat.

Zwei Trinktraditionen befruchten sich in Berlin wechselseitig. Da ist zum einen jene des Nordens, des zwar sporadischen, dann aber exzessiven Alkoholgenusses. Und zum anderen diejenige des Südens, des regelmäßigen und stets moderaten Alkoholkonsums. In Berlin vereinigen sich beide Ströme und schwellen zu hemmungslos regelmäßigem, exzessiven Trinken an, zum andauernden Gelage, zur ständigen Party, zum immerwährenden Besäufnis.

An den Wochenenden galt es, die fiebernde Stadt zu verlassen. Dies war jedoch kein leichtes Unterfangen, denn die Stadt war nicht nur weit ausgedehnt, sondern zudem umgeben von nur einer Himmelsrichtung: dem Osten. Niemand besaß ein Auto, deshalb waren wir auf Orte angewiesen, die wir mit dem öffentlichen Nahverkehr erreichen konnten.

Als ich nach Berlin gezogen war, hatte es noch Monatsmarken geben. Für diese hatte man eine Trägerkarte mit Lichtbild und Stempel benötigt. Dann erst konnte man Monatsmarken erstehen, die man in ein dafür vorgesehenes Feld einklebte. Auf der Marke stand groß, schwarz und unwiderruflich eine Ziffer für den jeweiligen Monat. Glücklicherweise war ich seinerzeit bekannt mit einem Porzellanmaler, der mit seiner Arbeit nicht ausgelastet war und daher in der Freizeit BVG-Marken ummalte. Unter seiner Hand wurde die 08 zur 09, die 01 zur 02 und die 11 zur 12, wobei er die feine, rote Hintergrundschraffur je nach Bedarf zu ergänzen wusste. Das, was er dafür haben wollte, war eine abgelaufene Marke und rund ein Drittel des Normalpreises. Erschwinglich, wenn man bedenkt, dass man dafür kleine Kunstwerke spazieren fuhr. Kunstwerke, deren Wesen die Fälschung war. Es dauerte jedoch nicht lange und der Fortschritt erfasste die alten Monatsmarken und ein Semesterticket wurde eingeführt. Später schlossen noch dazu die meisten Schalter, Personal wurde abgebaut und Automaten aufgestellt.

Auch das mit den einfachen Fahrkarten war so eine Sache, denn eines Tages schaffte die BVG die Zweistundenkarte zu 1,90 ab und ersetzte sie durch eine richtungsgebundene Zweistundenkarte für 2,10. Von da an durfte man nur noch in eine Richtung fahren und brauchte für jede noch so schnell erledigte Besorgung zwei Fahrscheine: einen für die Hin- und einen für die Rückfahrt. Erst sorgte die neue Regelung für Unverständnis, dann für Ärger und schließlich etablierte sich ein florierender Handel mit Fahrkarten zweiter Hand. Heute kann man an fast jeder Station im ärmeren Teil der Stadt bereits verwendete Fahrkarten zu einem Bruchteil des Nominalwerts erstehen. Für die einen eine willkommene Ersparnis, für die anderen ein ebenso willkommener Zuverdienst, von dem das Arbeitsamt nichts erfährt. Der Fahrkartenhändler klärt einen über die Vorgaben hinsichtlich Richtung und der verbleibenden Zeitdauer auf. Meist will er dann ein bisschen zuviel haben und man selbst ein bisschen zuwenig geben, also trifft man sich in der Mitte. Zahlreiche Menschen gehen solch einem Erwerb nach, verbringen ihre Tage auf den Bahnsteigen, erbitten von den einen benutzte Fahrkarten und verkaufen sie an die anderen. Lange habe ich überlegt, wie man dieses Phänomen nennen kann: ein Schwarzmarkt ist es nicht und auch nicht wirklich Hehlerei. Was aber ist es dann? Unternehmertum? *Naja, ick sach ma, ick bin gern anner frischn Luft. Und mit Menschn kann ick och ganz gut. Ick seh immer gleich wie einer druff ist, sehn Se der da – ditt iss ne Tageskarte. Und der da drübn, der sieht nich so aus, aber ick sach Ihnen, ditt issn Schwarzfahrer...*

Kletter- und Schlingpflanzen, Buchen und junge Eichen, vielerlei Blumen, gelbe Tupfer, violette und weiße Perlen. Es wuchert prachtvoll in alle Richtungen, das Gestrüpp links und rechts vom Wege ist kaum zu durchdringen, Baum und Sträucher verbinden sich zu einem grünen Ganzen. Niemand schneidet die Sträucher zurück, keiner stutzt mehr die Bäume. Wir unternahmen eine Klettertour, eine Bergwanderung.

Aber der Berg ist kein Berg – kein natürlicher Berg, kein über Jahrmillionen entstandener, von den Gletschern der letzten Eiszeit geschliffener, das verrät er mit jedem Schritt. Er ist vielmehr ein künstliches Biotop bei Berlin, noch zum Stadtgebiet gehörig. Die Wege sind sämtlich asphaltiert und führen in engen Linien bergauf. Erst oben weiten sie sich, schließen sich zusammen und werden zum bequemen Pfad. Dort ist man schon auf hundert und vierzehn Metern über Normalnull, immer wieder erschließen sich Blicke auf Teile der Stadt. Wir wanderten

im unwirklichen Bergland bei Berlin, auf dem Teufels-
berg, diesem Doppelberg mit seinen zwei Gipfeln, der den
Namen dem naheliegenden See im Grunewald schuldet
und nicht etwa seiner Entstehungsgeschichte. Der Berg
ist zum Bersten angefüllt mit einem Albtraum. Über die
Hälfte aller Ziegelreste und Betontrümmer des zerstörten
Berlins waren einst im Grunewald gelandet. Fast tausend
Lastwagenladungen hatten sich jeden Tag auf den stetig
anwachsenden Haufen gequält. Als Berlin aufgeräumt,
neu bebaut und die Aufschüttung nach zwanzig Jahren
abgeschlossen war, lagen in dem neu entstandenen Berg
26 Millionen Kubikmeter Trümmerschutt: Vorderhäu-
ser, Remisen, Seitenflügel, Fabrikgebäude, Werkhallen,
Kantinen, Büros, Kinderzimmer, Bäder, Berliner Zimmer,
Aufgänge, Treppenstufen, Stuckdecken, Putzreste, Stein-
platten, Dachbalken und vor allem Ziegel, unzählige,
unzählbare Bruchstücke von Ziegeln, gelbliche Ziegel-
steine, rötliche und braune.
Schritt für Schritt gingen wir bergan, bahnten uns den
Weg durch Gestrüpp. Das Material kam uns entgegen,
die Steine stießen sich durch die Haut des Berges und
wollten wieder ans Tageslicht. Durch Wind und Regen
waren sie herausgeschält worden, Wind und Regen hatten die Erde weggewaschen und -geweht, so dass der
Berg sein Ungeheuerliches stückweise preis gab: Hier ein
Stück Ofenkachel, da ein Betonbröckchen, dort ein an-
gefressener, ausgeblichener Ziegelstein. Unter unseren
Füßen lag das alte Berlin, wir standen auf den Häusern,

die dem Krieg nicht standgehalten hatten. Unter uns lag das Berlin der Vorkriegszeit, zusammengekehrt, aufgeräumt und neu begrünt. Ab und an wichen die Bäume, machten dem Blick Platz: Dann erstreckte sich vor uns die Stadt, dann erstreckte sich dort das Panorama unserer Gegenwart.

Es gab einen Moment des ruhigen Glücks, der stillen Freude, der Berlin eigentümlich war: Man hatte den Sonntag draußen verbracht, außerhalb der Stadt, hatte sich an Müggelsee, die Havel oder in den Grunewald abgesetzt, Baden war man gewesen, Picknicken, Spazierengehen, Landluft hatte man geatmet. Nun aber war es gut, man begab sich auf den Rückweg und saß erschöpft in der ratternden S-Bahn. Die flache, gleichförmige Natur der Mark zog an den Fenstern vorbei und es ging in den Abend hinein, zurück in die große Stadt. Erste Häuser durchbrachen den Kiefernwald und den flachen Horizont, die Bebauung nahm zu. Dann mit einem Mal erhob sich Berlin wie ein Fest aus dem märkischen Einerlei. Häuserzeilen, Blöcke und ganze Viertel drängten vor den Himmel. Berlin war die Einlösung eines Versprechens, das einem Brandenburg nicht gegeben hatte.
Der Sonntagabend war spürbar ruhig, wenig Autos fuhren und die Menschen waren auf den Straßen. Es schien, als wäre die Stadt mit sich im Frieden, als wäre sie dort, wo sie hinwollte. Ein seltenes Einverständnis breitete sich mit dem Licht der abendlichen Sonnenstrahlen über

Fassaden, Straßen und die Gesichter aus. Man hielt sich draußen auf, ging essen oder an den Kanal. Dann kam spät die lange Dämmerung und irgendwann ging man nachhause zurück.

* * *

Auch Städte liegen auf dem Land

Ich besaß eine Reihe alter Karten von Stadt und Umland, die ich von Zeit zu Zeit hervorholte, ausbreitete und wie Kunstwerke auf mich wirken ließ.

Auf einer war die Mauer eingezeichnet, eine andere zeigte das Vorkriegsberlin, die Drucklegung der nächsten fiel noch in die Kaiserzeit. Diese letztere war die Karte der *Umgegend von Berlin*, ein Erzeugnis des Geographischen Instituts und Landkartenverlages Julius Straube, ehedem ansässig in der Gitschiner Straße 109. Es handelte sich um eine Chromolithographie, ganz in braunen, grauen und grünen Tönen gehalten. Hügel und Gewässer traten hervor, Senken und Moore erfreuten sich einer kursiv gesetzten Bezeichnung. Die Welt schien eins mit sich und ausgewogen, wären da nicht diese leuchtend roten Linien gewesen, die sich als Neuigkeiten von allen Seiten in das Stadtgebiet schoben. Gleich den Straßen waren auch sie einzeln bezeichnet, eine lautete auf den Namen *Dampfstraßenbahn*, eine andere hieß *Anhaltische*, eine dritte *Schlesische Eisenbahn*. Ich kramte nach einer zweiten Karte, entfaltete sie und legte sie neben die erste.

Fast hundert Jahre später. Die Eisenbahnlinien hatten ihren Status eingebüßt und waren nur mehr als schmale, schwarze Striche ausgewiesen. Auch die individuellen Bezeichnungen waren verloren gegangen. Die *Verkehrs- und Bürokarte* des VEB Landkartenverlags wies stattdessen den Autostraßen die Priorität als Lebensadern zu. Ewig anschwellend hatten diese die alarmierende Farbgebung übernommen: Rot waren jetzt die Überlandstraßen, gelb mit rotem Rand die Autobahnen. Sie bildeten ein Netz, welches vom Mittelpunkt der Stadt aus über das umgebende Land geworfen war – ein Netz, unter dessen Auswirkungen das Land zurücktrat. Die Schraffuren der Hügel waren verschwunden, die Waldstücke nicht mehr benannt und nicht mehr voneinander abgegrenzt. Sümpfe waren keine mehr da und Heideland gab es nicht mehr. Vielmehr erstreckten sich dort, wo Landschaften überlebt hatten, monochrom-grüne Farbflächen, die nur zwischen Waldland (dunkelgrün) und unbebauter Wiese (hellgrün) unterschieden. Die Stadt hatte gewonnen und die Karten verkündeten diesen Sieg.
Berlins Ausmaße, die Ausdehnung von Havel bis Müggelsee, haben nichts mit Reichtum zu tun. Sie sind eher der Armut geschuldet: der kargen, billigen, flachen Beschaffenheit des Bodens, der die Bebauung nie in ihre Schranken verwies. Innerhalb kürzester Zeit waren ab Mitte des 19. Jahrhunderts Stichstraßen, Karrees und Mietskasernen aus dem Boden gestampft worden. Auch Städte liegen auf dem Land. Sie wissen es nur nicht.

Hobrecht hießen die Brüder, der eine Bürger- und der andere Baumeister, die der Stadt ihr Gesicht gaben: Mit dem Bebauungsplan von 1862 wurde das Umland abgesteckt. Kreuzberg entstand und Friedrichshain, und auch am Prenzlauer Berg mussten die Bauernkaten und Windmühlen weichen. Innerhalb gut eines Jahrzehnts verdoppelte sich Berlins Bevölkerung auf 800.000 Einwohner. Dies war der Stand im Jahre 1871, sechs Jahre später wurde die erste Million, die zweite bereits 1905 erreicht: eine Explosion, Gründerzeit und Wahn. Die Stadt wucherte in ihr Umland und verleibte sich die kleinen Dörfer ein: Rixdorf, Buckow, Frohnau, Wilmersdorf. Die Fabriken wuchsen, der Bedarf an Arbeitskräften desgleichen, die Stadt war Magnet.

Die Planer und Architekten der Gründerzeit waren weder einer Tradition noch der Fantasie gefolgt, sie hatten eine gleichartige Abfolge quadratischer Quartiere geschaffen. Zweckdienlichkeit war ihr Maßstab gewesen, das Ornament am Bau einziger Ausdruck von Größe: edle Einfalt, Winkelmann und Schinkel lassen grüßen. Der Verlauf der Straßen war genauso streng und berechenbar geraten wie das Innenleben der Wohnungen. Die Gleichförmigkeit und Ausdehnung der Viertel, die mathematische Grundanordnung in Dreiecken und Quadraten, die wabenartigen Mietshäuser, die glatten Kanten der Querstraßen und die breiten Einschnitte der Boulevards, des Kottbusser und Tempelhofer Damms, des Kurfürsten- und des Kaiserdamms – die man nur deshalb heute noch Damm nennt, weil sie einst über das schlammige Urstromtal hinweg ins Innere der Stadt führten – die rechten Winkel, die Blicke in Straßenfluchten ohne Horizont, die breiten, leeren Gehwege, die eingeschobenen Brachflächen, die Bau- und Getränkemärkte, die Bauzäune, die Kinderspielplätze ohne Kinder, die Brandmauern und Häuserlücken, die ungepflegten Grünanlagen, die Hochhaussiedlungen innerhalb der Innenstadt, die Industrieruinen links und rechts der S-Bahn, das fehlende Zentrum, die tote Mitte, die unmöglichen Spaziergänge, all das lässt Berlin jeglichen Zusammenhalt verlieren, lässt die Stadt in Splitter und Scherben zerfallen, in einzelne Teile und Teile von Teilen.

In fünfzehn Jahren hatte ich es nicht geschafft, mich daran zu gewöhnen und ich bezweifle, dass ich mich in Berlin jemals wirklich zuhause gefühlt habe. Ich weiß nur, dass mir über Jahre hinweg kein anderer Wohnort denkbar war. Und wann immer man mich außerhalb Berlins fragte, wo ich herkäme, antwortete ich:

- Aus Berlin. Aus Kreuzberg.

Das entsprach den Tatsachen. Seit mehr als fünfzehn Jahren kam ich aus Berlin und fuhr ständig dorthin zurück. Ursprünglich aber stammte ich aus einem ganz anderen Landesteil, nichts hatte das Kind, das ich einst gewesen war, mit dem Brandenburger Heideland und den Berliner Straßenfluchten zu tun.

Einmal habe ich einen Straßenmusikanten erlebt, einen Schwarzen. Der zog in der Bergmannstraße von Café zu

Café und sang den Blues. Er brauchte kein Instrument und keine Begleitung, auch so konnte man sich ihm nicht entziehen. Ein kleines Kind blickte gebannt auf den singenden schwarzen Mann. Als dieser geendet hatte und umher ging, seinen Sängerlohn einzusammeln, da fasste ihn das Kind am Ärmel:
- Du, sag mal: woher kommst Du?
- Ich, sagte der Schwarze, ich komme von Mama und Papa.

Manchmal denkt Vitali an ein Land, in das er nicht zurück kann, weil es nicht mehr existiert. Man hatte es kurzerhand abgeschafft, während Vitali die märkische Heide bewachte. Aber er komme auch ohne sein Land zurecht. In Berlin habe er sich etwas aufgebaut, hier spiele sich jetzt sein Leben ab. Vitali sitzt auf einem roten Ledersofa, sein Zeigefinger fährt Richtung Boden, als er „hier" sagt. Er zeigt mir Fotos und Dokumente, als wollte er beweisen, was er sagt.

Mit zwanzig sei er nach Deutschland gekommen, mit zwanzig wurde er nach Stendal befohlen. Im Auftrag des Sowjetreiches den Frieden zu bewachen, dies schien ihm damals eine ehrenvolle Aufgabe. Doch ein knappes Jahr später habe es die *Gruppa sowjetskich wojsk w Germanii* bereits nicht mehr gegeben. Die rote Flagge auf dem Kasernenhof wurde gegen die russische ausgetauscht und sein Regiment Teil der *Westgruppe der Truppen*. Aber dieser *Sapadnaja gruppa wojsk* anzugehören, das galt

Vitali nicht mehr viel. Als er Wachdienst hatte, verließ er eines Tages seinen Posten und marschierte durch die Sommernacht: ostwärts gen Berlin. Bargeld hatte er sich in die Stiefel gesteckt, ein Taschenmesser, wenige Dokumente, dies war sein Besitz. Die Kalaschnikow warf er in die Elbe. Schon als die ersten Kameraden Befehl erhielten abzuziehen, hatte Vitali sich entschlossen zu bleiben. Rückverlegung war das Wort, das in den Verträgen stand. Vitali aber wollte nicht rückverlegt werden. Vitali wollte nach Berlin. Als Deserteur sieht er sich nicht. Hilfe habe er bekommen in der Stadt. Nicht von den Deutschen, an die hätte er sich nicht gewandt, aber von Landsleuten und anderen Illegalen. Es sei nicht schwer gewesen, im Osten Berlins zu Anfang der neunziger Jahre. Es seien Jahre des Übergangs gewesen, die ganze Stadt habe sich neu orientieren müssen und er eben auch.

Die entscheidende Idee wäre ihm schon nach wenigen Monaten gekommen. In der Friedrichstraße sei er gewesen und habe gesehen, dass dort für gutes Geld russische Uniformen an Touristen verkauft wurden. Dann sei alles ganz schnell gegangen: Nachts seien er und ein Kollege nach Stendal hinausgefahren. Auf die Lauer hätten sie sich gelegt und mit einem Nachtsichtgerät hinter den Zaun gespäht: Grenadier Pawel hätten sie erst der zweiten Nacht ausgemacht, den guten Pawel. Am schleppenden, nachlässigen Gang hätten sie ihn erkannt. Mit dem Bargeld und dem Wodka, die über den Zaun gingen, habe Pawel daraufhin alles klargemacht. Fortan seien in jeder Montagnacht Uniformteile, Mützen, Anstecker der einstigen Sowjetarmee über den Stacheldraht geworfen, eingesammelt und nach Berlin unter die Linden verfrachtet worden. Nach nur wenigen Tagen sei immer alles schon verkauft gewesen. Die Nachfrage habe das Angebot überstiegen. Vitali habe daraufhin ein Handbuch Betriebswirtschaft überflogen und über Lösungen nachgedacht. Schließlich habe er sich auf die anderen Standorte des russischen Militärs im Umkreis Berlins besonnen: Sperenberg, Fürstenberg, Woltersdorf.

Und dann kam alles, wie es kommen musste: Schnell war jemand gefunden, der jemanden kannte, der wiederum jemanden kannte. Das Nachschubproblem war vorerst gelöst, Vitali kümmerte sich um die Akquise, sein Kollege übernahm den Verkauf. Es lief gut. Als 1994 auf dem Militärflughafen Sperenberg die letzte sowjetrussische Flagge eingeholt wurde und Generaloberst Matwej Burlakow in das Flugzeug nach Moskau stieg, lief Vitalis Antrag auf Einbürgerung schon längst. Die Deutschkenntnisse hatte er zwar von der Straße und nicht von den Eltern, aber die Großmutter, die kam aus einer wolgadeutschen Familie. Das konnte er nachweisen.

Noch am Tag seiner Einbürgerung ging Vitali aufs Finanzamt und ließ sich sein Gewerbe registrieren, denn er hatte sich alles gut überlegt. Den Kredit der KfW steckte er in die erforderlichen Maschinen, Gewerberäume bekam er ohne Probleme und zu einem guten Preis.

Er sei ein Glückskind, das sei ihm bewusst, Glück habe
er gehabt. Und Freunde. In einem Hinterhof der Gitschiner Straße bezog er großzügige Räumlichkeiten, die Näh-
und Zuschneidemaschinen folgten wenige Tage später.
Vitali hatte sie auf einer Firmenauflösung ersteigert: in
der Nähe von Cottbus, VEB Forster Tuchfabriken. Nicht
gerade das Neueste, aber für Vitalis Zwecke völlig ausreichend. Schnittmuster ließ er aus Russland kommen,
die Stoffe lieferten Albaner. Er stellte zwei asiatische
Schneider ein, sein Kollege übernahm den Vertrieb in der
Friedrichstraße und Unter den Linden. Die Nachfrage
riss nicht ab. Vitali wurde zum Generalausstatter der un-
tergegangenen roten Armee.
Als die DDR-Flaggen knapp wurden, schaffte Vitali alte
Stoffbahnen heran, ließ Fahnen schneidern und die DDR
auferstehen. Selbst für den Nachschub an bunten Bruch-
stücken der Berliner Mauer sorgte er. Im Hof der Gitschiner Straße lagerten Betonteile einzig zu dem Zweck,
in der Witterung Patina anzunehmen. Zwei russische
Künstler, ursprünglich Ikonenmaler, wurden mit der Ver-
edelung beauftragt. Vitalis Hauptgeschäft aber blieben
die Uniformen. Seinen roten Stern, den trügen mittlerweile gut und gerne hunderttausend Menschen in aller
Welt.
- Mindestens hunderttausend, sagt Vitali, und angelt
nach der Wodkaflasche:
- Auf Berlin! Und auf Schlaand!
- Schland?

Ja, Schlaand! Während der Weltmeisterschafts-Qualifikation, Russland gegen Deutschland, null zu eins. Kloses Treffer, fünfunddreißigste. Er sei damals in Moskau gewesen, mit seinem Kollegen und den deutschen Pässen. Beide hätten sie im Stadion mitgesungen: Deutschlaand, Deutschlaand.

- Aber die Familie, die Vergangenheit?

Vitali greift zum Glas.

- Das Vergangene sei vergangen. Ein Teil der Familie wohne in Moskau, der andere im Dorf. Schwieriges Leben dort.

- Ob er sie besucht habe?

- Ja, er sei dort gewesen. Er habe sie besucht, dort im Dorf. Aber es sei nicht mehr sein Dorf gewesen, sein Dorf sei Vergangenheit.

- Wo für ihn dann Heimat sei?

Vitali zögert: Heimat, das sei kein Ort... seine sei jedenfalls nicht mehr dort, wo er herkomme. Vitali nimmt einen Schluck: Heimat sei jetzt vielleicht dort, wo er hingehe. Bald darauf leeren wir die Gläser ein letztes Mal, ich falte meine Papiere zusammen und stehe auf. Als ich mich zur Tür wenden will, fällt mein Blick auf ein gerahmtes Foto auf der Anrichte: zwei Männer im Frack, einer davon Vitali, zwei Blumensträuße. Im Hintergrund eine Klinkerfassade. Vitali bemerkt meinen Blick. Der Groschen fällt:

- Der Kollege?

* * *

Der Gott der Stadt

Inmitten der Abfolge verschiedener Viertel, dem Nacheinander an Nebenschauplätzen, steht ein gemeinsamer Fixpunkt, ein imaginäres, unwirkliches Zentrum: der Fernsehturm am Alexanderplatz. Jeden Tag war es das gleiche Spiel, immer wieder verlor ich ihn aus den Augen und immer wieder tauchte er vor mir auf. Sobald ich ihn vergessen hatte und um die Ecke bog: in der Ferne das vertraute graue Rund. Zwei Häuserfluchten traten auseinander: Der schweigende Turm erschien. Die Dächer wurden flacher: Die Turmspitze schob sich darüber. Vom Kaiserdamm oder von der Frankfurter Allee, von der Zossener oder von der Bornholmer Straße, den Turm erblickt man aus allen Winkeln der Stadt.
Der Turm war mir eine Majestät, mir schien, er herrsche mit Intelligenz und Feinsinn über die Bezirke hinweg. Zahllose Momente und Perspektiven führen zu ihm, er allein ist die Skyline: eine einzige Senkrechte, die von überall her gilt. Eine Zeitlang spielte ich mit dem Gedanken, mir eine Sammlung der Augenblicke anzulegen, in denen der Fernsehturm vor mir auftauchte. Ich wollte eine

Kamera nehmen und immer, wenn der Turm am Horizont erschien, eine Aufnahme machen. Allerhand Perspektiven wollte ich mir erjagen, Schritt für Schritt würde ich meine nackten Zimmerwände mit Fotografien des Fernsehturms füllen, je nach Laune und Absicht sie zu jeweils neuen Formationen ordnen. Meine Sammlung würde Nebeltage umfassen, an denen nur der Fuß des Turmes zu sehen wäre. Hochherrschaftliche Sommeransichten wären ebenso vertreten wie verdrückte Blicke aus Hinterhöfen. Meine Sammlung wäre umfassend, eine Bestandsaufnahme der Stadt, ein Spinnennetz der Blicke und der Bezüge zum unwirklichen Zentrum der Stadt. Letztlich aber begnügte ich mich mit dem täglichen Anblick des Fernsehturms im Hoffenster.

Manchmal stand ich sehr früh auf, um mich in die Küche zu setzen und dem beginnenden Tag zuzusehen. Ich ließ das Licht ausgeschaltet und machte mir im Dunkeln Kaffee, um den Zauber nicht zu stören. Dann setzte ich mich vor das Fenster und blickte über den Hof bis hinüber in den Ostteil der Stadt, bis hin zum leise blinkenden Fernsehturm und der Silhouette des Forumhotels. Leichter Schein zeigte sich hinter den Konturen der Häuser, der Dämon schlief, schwarz stand der Hochhausblock vor dem Blau der vergehenden Nacht, kein Licht schien, noch war niemand auf. Am Horizont schob sich ein weicher, heller Tag zart in den Himmel, das Blau wurde schrittweise von innen erleuchtet, langsam erwachten die Farben. Am Rande all dessen stand der Turm fern und scheu, fast von der Brandmauer und vom Efeu verschluckt. Ja, dort stand die graue Eminenz, der Herr der Stadt, mein Turm.

Noch heute schaue ich täglich nach dem Turm, noch immer suche ich seinen Anblick, noch immer möchte ich sehen, ob er klar im blauen Himmel steht oder wolkenverhangen verschwindet im Grau. Alles andere ist mir Gewohnheit geworden, ich habe mich eingelebt in den rechten Winkeln der Stadt, in den steinernen Schluchten. Ich lebe mit dieser Stadt, bin ein Teil des großen Geschehens, ein Korn im märkischen Sand, ein Tropfen im grauen Meer der versteinerten Stadt.

Immer wenn ich die Zossener hinunter laufe, die Gneisenau und Bergmannstraße hinter mir lassend, sehe ich vor mir den Fernsehturm, und es ist, als spazierte ich hinaus in eine Vorstadt. Erst sind noch Menschen unterwegs, es gibt noch Kneipen und Restaurants, dann verringert sich der Publikumsverkehr, ein Spätkauf folgt und es geht an der Friedhofsmauer entlang weiter. Auf der anderen Straßenseite liegen halb verlassene, unbeleuchtete Gewerbehöfe. Das Viertel bricht auf, ich kürze nach rechts ab und tauche durch einen dunklen Tunnel aus Bäumen hinüber auf die andere Kanalseite und lande in der dämmrigen Gitschiner. Eine Welle von Autos holt mich ein, die Fahrbahn ist regennass, ein Bus schießt vorbei, über mir rattert die U-Bahn: Durchgang und Transit, Berufsverkehr auf zwei Ebenen. Und außer mir kein

Mensch auf der Straße. In der Wohnung angekommen
stelle ich den Tisch an das vordere Fenster. Papier und
Stift liegen vor mir. Ich lehne mich zurück und sehe durch
das Fensterkreuz, über die Gitschiner hinweg, zum Südstern und den Häusern jenseits des Kanals. Schon wird es
Herbst, es zieht durch den Fensterrahmen. Bald beginnt
die Heizperiode.

* * *

… draußen schwanken die Pappeln im Wind, mir ist, als klirrten Zweige und Äste. Die Stadt steht ferngerückt, ist verschwunden hinter den Baumwipfeln und in Dunkelheit getaucht. Nur einzelne Fenster sind erleuchtet, die lange Linie der Dächer und die Kette der kleinen Lichter wirken, als säße ich auf einem Hochsitz vor den Toren der Stadt, als wäre ich ein Fremder, ein von allen Bezügen und Beziehungen entbundener Chronist und Beobachter. Doch so still und reglos wie die Stadt zurückblickt, so ohne Kontur, so ohne Tiefe, so raumlos und farblos, nur noch angedeutet durch Häuserschatten vor blaugrauem Himmel und den privaten einzelnen Fensterlichtern, von Ästen und Gestrüpp halb verborgen, da bleibt nur zu berichten, dass hier Menschen wohnen, erstaunlich viele und bemerkenswert unterschiedliche Menschen, dass sie übereinander und nebeneinander leben, dass keine Lücken sind zwischen ihren Häusern und die Häuser alle in einer Reihe stehen: Da sind keine Geschichten mehr, keine Einzelheiten, da ist keine Reihenfolge und keine Erzählung – da ist Fläche und Ausdehnung und großes Dunkel, da sind kleine elektrische Lichter …

Jörg Dauscher

Nach Albanien

Bericht einer Reise

Das Dorf Nadaç hat keinen Dorfkern. Ja, es gibt nicht einmal eine Straße, die Nadaç durchquerte: Im Dorf verlaufen nur Neben- und keine Hauptwege. Deshalb ist Nadaç auch eigentlich kein Dorf, kein richtiges Dorf, sondern eine zufällige Ansammlung flacher Häuser und kleiner Gärten, durch Zäune und Mauern voneinander getrennt, durch Straßen miteinander verbunden – wenn man das mäandernde System der Wege Straßen nennen möchte.

Jörg Dauscher

Der Sommer in K.

Erzählung aus einem russischen Dorf

Ich hatte eine Fährte in Russland. Sie begann unweit des Gemüsegartens und des Kartoffelfeldes, lief zunächst auf dem allgemeinen Weg in Richtung Fluss und bog bald schräg davon nach rechts ab.

Mein Pfad führte bis kurz hinter den Horizont. Es war mein eigener Pfad, denn ich hatte ihn selbst eingelaufen und in regelmäßigen Abständen abgeschritten. Auch war ich der einzige, der ihn dann und wann überhaupt lief: Meinen eigenen Schritten war ich solange gefolgt, bis das niedergetretene Gras als klar erkennbare dunkle Linie das Wiesenmeer teilte.

FSC
www.fsc.org
MIX
Papier aus ver-
antwortungsvollen
Quellen
Paper from
responsible sources
FSC® C105338